にじ色の本棚

LGBTブックガイド

原ミナ汰・土肥いつき
編著

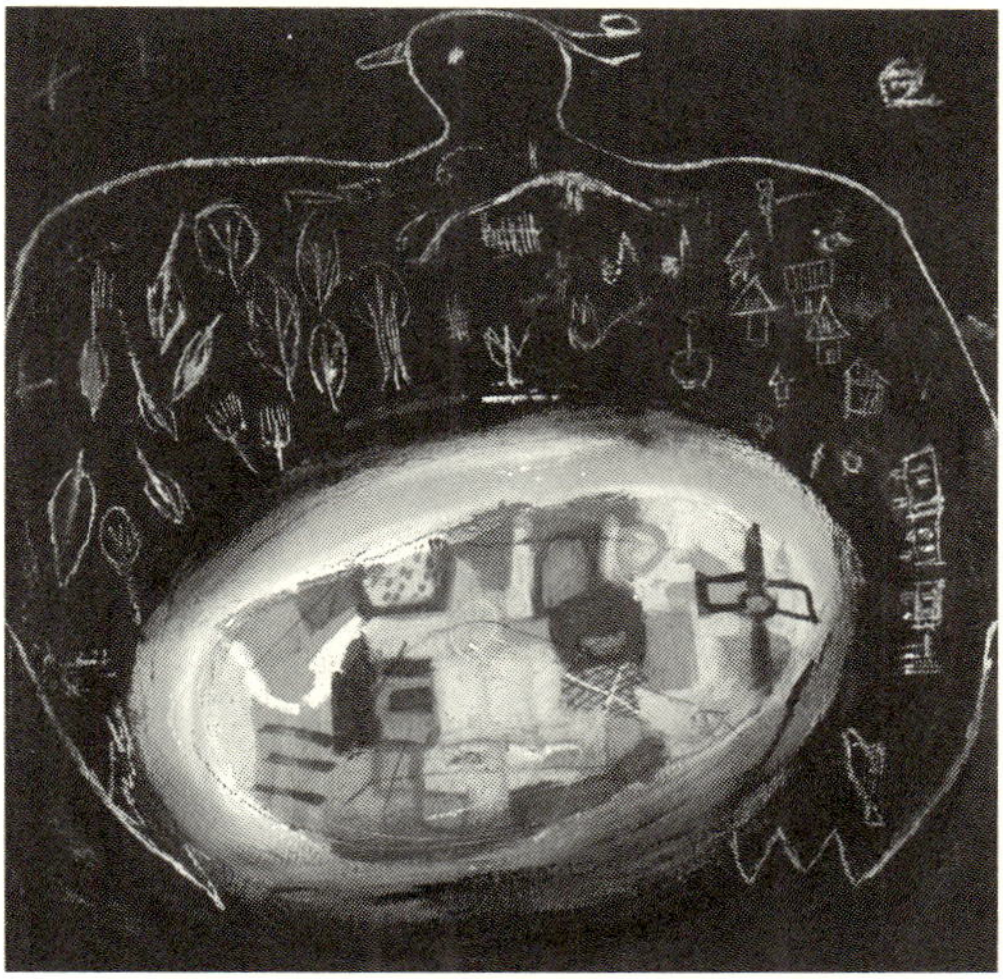

三一書房

装丁　平野昌太郎
イラスト　くまのひでのぶ

はじめに

「ページをめくるたびに自分の胸が熱くたぎっていることを感じ、気づいたら自分も『同性愛者としての生活』をもちたいという気持ちがわいてきていた。自分のなかの負の感情が消えていたのだ」（本書21頁より）

本には不思議な力があります。それはたとえば、道に迷ったときに、行き先を指し示す道しるべの星のような力です。

「先生に呼ばれて相談室に入って、パーッて横見たら、セクマイ関係の本がブワーッて並んでて。『本、メッチャ並んでるやん』と思って。『おぉ、おぉ！』って思いました。せやったらもうカムアウトしてもいいかなあって思った。本がブワーッとあるし、この人は勉強してくれてはんのかなぁって思った。それってでかいなあって思いました」（本書執筆者のひとり、堀川ユウキの言葉）

本には不思議な力があります。それはたとえば、人と人とをつなぐ〝もやい〟のような力です。

「家に帰って、その本を読みました。読みながら、何度も身体がふるえる思いがしました。当事者の経験談やルポに書かれていることは、わたしにとってはしょせんは『タニンゴト』でしかありませんでした。しかし、その本に書かれていることは『知識』でした。その『知識』に照らしあわせながら自分を見つめたとき、『あてはまること』『あてはまらないこと』がクリアに見えてきた気がしたのです」（土肥いつき『「ありのままのわたしを生きる」ために』より）

本には不思議な力があります。それはたとえば、自分のまわりにあるモヤをふりはらう太陽のような力です。

本書は、そんな本のもつ不思議な力に魅入られた46人の執筆者が、それぞれ自分と本の間で行った対話をあらわしたものです。

近年、LGBTへの理解は、少しずつ進みつつあります。しかし、それらが一人ひとりのL／G／B／Tの生きやすさにつながっているとは、まだまだ言えない状況です。たとえば、カミングアウトは依然として困難です。そのため当事者自身、隣にいるかもしれない「なかま」を見つけにくく、孤立感のなかに置かれています。また、非当事者にとっても、LGBTのことは遠い世界のできごとと考えてしまいがちです。しかし、「私たちはもうすでに一緒に生きている」のです。「ともに生きる」ためには、まず「知る」ことが必要です。本書は、「多様な性」を生きる人々が育んできた豊かな歴史や文化を知るための手がかりをつくりたいという思いから生まれました。

ここで本書の構成を紹介します。本書は全部で6つの章からできています。それぞれの章のくわしい内容は、各章の最初にある概説ページに譲り、ここでは、各章の内容を簡単に紹介します。

第1章「『ひとりじゃない』ことがわかる本」は、本書の入り口となる章です。最近の、当事者が書いた本（「カミングアウト本」「当事者本」などと呼ばれる本）をあえて避け、歴史を横断するかたちで「ひとりじゃない」メッセージを送ります。

第2章「LGBTってなに？の疑問に答える本」では、いわゆる「解説本」にとらわれずに、セクシュアリティ全般を見わたす本をとりあげています。

一方、LGBTなどという概念のない昔から現在に至るまで、多様な性をもつ人々は、古今東西を問わず、たくさんの文学作品やサブカルチャーと呼ばれる作品に登場しています。第3章「LGBTとカルチャー」では、そのほんの一部を紹介します。

また、「多様な性」を生きる人々は「多様な生」を生きる人々でもあります。第4章「暮らし、健康・医療について考える本」では、そんな人々の生き方から「普通の生」を問い直す、〝普通〟ってなんだろうと考えるヒントを得ていただければと思います。

第5章「より深く知りたい人のために」は、本書のなかでも肝となる章です。今、「新しい」とされている考えも、実は先達が切りひらいてきた地平の上にあります。今起こっていることや論じられていることがどこから来たのか、今私たちはどこにいるのか、そしてどこへ向かっていくのかを考えるためには、避けて通ることができないと思われる本をとりあげました。

第6章「サポートする人に読んでほしい本」では、具体的にLGBTと接する人々にぜひとも知っておいてほしい知識を紹介するもの、LGBTをとりまく社会について書かれたものをとりあげました。これらの本を通して、この社会のありかたそのものを問い直すひとつのきっかけになればと考えました。

本書は、いわゆるブックレビュー集ではありません。執筆者一人ひとりは「人生」という旅の途中で「本」と出合い、その「本」の影響を受けて、さらに「旅」を続けています。本書は、そんな「Tour Book」と言えるでしょう。願わくば、本書を手にとられた方も、新たなTourに出てほしい。そんな思いを込めて、本書を贈ります。

さあ、「Lovely Great Book Tour」のはじまりです！

目次

第2章　ＬＧＢＴってなに？の疑問に答える本

第3章　ＬＧＢＴとカルチャー

第4章 暮らし、健康・医療について考える本

第5章 より深く知りたい人のために

第6章 サポートする人に読んでほしい本

※本書で取り上げた本の中には、品切れや絶版になっているものが含まれています。図書館などで探して手にとっていただければ幸いです。

第1章 「ひとりじゃない」ことがわかる本

Lovely Great Book Tour

自分と似た感覚をもった人がいたという発見

第1章では、「ひとりじゃない」ことがわかる本を11冊紹介しています。「えっ、ひとりだっていいじゃない?」と思ったあなたは、相当な強者《つわもの》。たしかに、ひとりであることは、寂しいことでも、情けないことでもありません。確固とした自分があれば、唯一無二のオンリーワンであることは、むしろ誇るべきことです。しかし、心に迷いが生じたときはどうでしょう。はるか昔、あるいは今現在も、自分と似たような感覚をもって生きている人間がいた／いるという発見は、かけがえのない道標となるでしょう。

本章では、これまでセクシュアルマイノリティの間で読み継がれてきた本を、多数とりあげました。自伝的ノンフィクションだけでなく、大勢の人のインタビュー集や伝記、ルポルタージュ、コミックエッセイも含めました。六花チヨ『IS』（28頁）は緻密な取材をもとにしたフィクションです。30頁のコラムには、「IS（インターセックス）」とか「境界をさまよう性」としてLGBTとひとくくりにされがちだったDSDs（体の性のさまざまな発達）を持つ当事者から、その実像ととらえ方に関して大切なメッセージがあります。

自伝的ノンフィクション（当事者が書いた本）が2000年代にたくさん出版されていますが、本章ではその先駆けとして80〜90年代に出された書籍をとりあげました。ここで紹介した本以外にも、1990年代には、伏見憲明『プライベート・ゲイ・ライフ―ポスト恋愛論』[*1]、笹野みちる『Coming OUT!』[*2]、虎井まさ衛『女から男になったワタシ』[*3]、などが出ています。2000年代以降に出版された本は、今でも書店に並んでいて手に取りやすく、多くの人びとに読まれています。尾辻かな子『カミングアウト―自分らしさを見つける旅』[*4]、上川あや『変えてゆく勇気―「性同一性障害」の私から』[*5]、石川大我『ボクの彼氏はどこにいる?』[*6]、杉山文野『ダブルハッピネス』[*7]など。これらは、深く個人的なカミングアウトのプロセスを綴っていて、多くの当事者の背中を押してくれることでしょう。

そのほかにも、戦前では、森鷗外が『ヰタ・セクスアリス』[*8]で、明治初期の男子学生の同性愛を描いていますし、三島由紀夫『仮面の告白』[*9]、宮本百合子『二つの庭』[*10]などの自伝的文学をあげることができます。『二つの庭』は、沢部仁美『百合子、ダスヴィダーニヤ』(24頁参照)で描かれた湯浅芳子と宮本百合子の同棲生活を、宮本の側から描いた小説です。

海外にも、発表後間もなく発禁となったラドクリフ・ホール(英)の『さびしさの泉』[*11]や、1970年代のレズビアン・フェミニスト運動の狼煙《のろし》をあげた、リタ・メイ・ブラウン(米)の『女になりたい』[*12](原題は「ルビーフルーツ・ジャングル」)など、各時代を代表する文学が数多くありますが、これらは自伝的フィクションとして読まれています。

第3章で紹介した小説のなかにも、自伝的フィクションがいくつもありますので、ぜひあわせて読んでください。

*1 1991、学陽書房/1998、学陽文庫
*2 1995、幻冬舎/1997、幻冬舎アウトロー文庫
*3 1996、青弓社
*4 2005、講談社
*5 2007、岩波新書
*6 2002、講談社/2009、講談社文庫
*7 2006、講談社/2009、講談社文庫
*8 1909、『スバル』に掲載/新潮文庫、角川文庫、ちくま文庫、岩波文庫など
*9 1949、河出書房/新潮文庫など
*10 1948、中央公論社/新日本出版社、新潮文庫、岩波文庫など
*11 1928/邦訳1952、新潮社
*12 1973/邦訳1980、二見書房

あたらしい絆の結び直し

『カミングアウト・レターズ──子どもと親、生徒と教師の往復書簡』

RYOJI＋砂川秀樹著

相手が自分にとって大切な存在だから
知ってほしい、言えば楽になるかもしれない、
しかし、悩ませたくない。

太郎次郎社エディタス、2007年

「彼氏いるの？／彼女いるの？」「いつ結婚するの？」「そろそろ孫の顔がみたい！」──日常何気なく交わされる異性愛を前提にした巷《ちまた》の会話。この会話に心を痛めている人たちを知っているだろうか。

ゲイ、レズビアンの人と会ったことがないと人は言う。

はたしてそうなのか……。「ばれない」ように、ごくごく普通に、異性愛者のように振る舞って、ひっそりと暮らしているそんな子ども（人）たちを知っているか。親きょうだいにも知られないように、静かに、びくつきながら生きている人たちの存在を、どれほどの人が知っ

ているか。

自分のような人は世界に1人しかいないのじゃないかという不安、恐怖、孤独。小中高校生時代、人生で一番自由でやんちゃで楽しい時間のはずが、ひとりで悩み、苦しみ、葛藤している子どもがいる。

「カミングアウト」は、本当の自分を知ってほしいという、心の底からの叫びなのであろう。「カミングアウト」は、真実の絆をつくりたいという、魂の叫びなのであろう。悩み、苦しみ、葛藤し、その結果ギリギリのところで「こちらの世界にとどまっていいんだよね？」ということを確認するのが「カミングアウト」なのだと思う。それほど「カミングアウト」は重いものなのだ。

『カミングアウト・レターズ』には、そんな魂の叫びと、その魂の叫びを静かに、真摯《しんし》に受け入れようとする人たちのあたたかな言葉が綴られている。

ゲイ／レズビアンの子をもつ親たちの座談会では、親の痛烈な思いが語られており、強く共感できるであろう。「先生へ、生徒だったあなたへ―教室のなかのマイノリティ」は、まさに教師に理解を深めてもらいたいところである。「君こそ僕の恩師」と叫んだ教師の言葉に心が震えた。「カミングアウトストーリー」のエピソード、「カミングアウトを考えているあなたへ、カミングアウトを受けたあなたへ」の「『言わない／言えないのは当然』だった時代から、『カミングアウトする／しないを選択する』という時代に移り変わってきた」というメッセージが印象的である。

「性」という生命の根源。恋愛。セックス。結婚。出産。DNAの伝達。私たちはどれほど狭いイメージにとらわれているであろうか？　自分がどれほど偽りのヨロイをまとわされているであろうか？　自分を解放しもっと自由になることができれば、今まで見えてこなかったことがすっきりと見えて、違った世界が広がるにちがいない。好きになった人が同性であっても悩むことがない社会、葛藤しなくてもよい社会、カミングアウトしなくてもよい社会が理想的だと思う。「悩まなくてもいいんだよ」「あなたはあなたのままでいいんだよ」「あなたが悪いんじゃない。あなたを悩ませている社会が悪いんだよ」

本書を、これから親になる人たちに、教師の方々に、これから教師になる方々に、未来を育む子どもたちに、そしてセクシュアリティを問わずすべての人に読んでもらいたい。人生に自信をもって臨める、そんな希望が見えてくる本である。

（小林ヒロシ・りょう子）

すべての統合としての「私」

『男でもなく女でもなく――本当の私らしさを求めて』

蔦森樹著

その日の深夜、ベッドの中で私は「女になりたい!!」と
声にならない叫び声をあげた。
そして外側に開いた状態で固まってしまった脚を
女性のような状態に戻そうと決心し、
満身の力を込めて開ききった骨盤を内側に動かした。

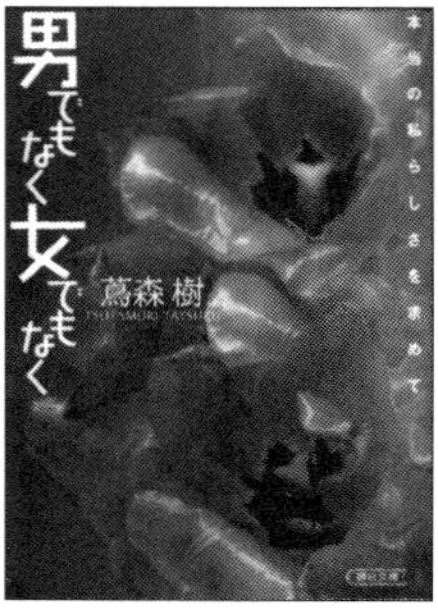

勁草書房、1993年
朝日文庫、2001年

本書のタイトルを見たとき、もしかしたら若い読者は「あぁ、Xジェンダー[1]についての本か」と思うかもしれない。確かに本書の結論は「私は私」である。しかし、そのひとことを獲得するために著者がした経験と、その結果到達した「私は私」というひとこととの重みは想像を絶する。

「男とは何か」「女とは何か」。多くの人にとっては自明のことなのかもしれない。しかしトランスジェンダーにとって、この問いを避けることはできない。そして、その答えはそんなに簡単なものではない。あるいは、この問いの答えを探すことこそが「性別移行」であるとも言えるのかもしれない。

著者はカストロヒゲを生やし750ccを乗りまわす「男性」だった。しかしある日、「こんな自分は好きじゃ

ない」と感じた。それは同時に、男のデッドエンドでもあった。そして著者は「私は誰か」という問いの答えを探すことになる。著者の場合、その答えは「女性になる」ということだった。先にあげた引用文は「グチャッと何かが潰《つぶ》れるような音と鈍い痛みがあり、膝が正面を向いた。私は全身に冷や汗をかきながら、しかし満足な気持ちだった。押し寄せてくる鈍痛も、何かが動き出した時に感じる、あの爽快感の中で押し殺すことができた」と続く。まさに著者が「女性」として生きようとした最初の行為であった。

時は1983年。「性同一性障害」という言葉などなかった。トランスジェンダーという言葉すら、ようやく輸入された頃である。性別移行のノウハウなどあるはずもない。「女性とは何か」「女性になるとはどういうことか」。その答えは自分で探すほかない。本書はその答えを探すために「〈女〉の戦場」に踏み込んだ著者の7年にわたる試行錯誤の軌跡である。本書には、ホルモン投与(2)もSRS(3)も戸籍変更も、そして改名すらもない。あるのは「女子工員」「ダンスホールの厨房」「ヌードモデル」「ホステス」そして「主婦」といった「〈女〉の戦場」でひたすら試行錯誤し続ける著者と、著者に「女性とは何か」を自らの生きざまをもって教える女性たちの姿である。そこには「ジェンダーロール(4)」との激しくも、どこか頼りなさげに葛藤する著者の姿がある。

ようやくその葛藤が一段落したその先には「ジェンダーアイデンティティ(5)」との静かではあるが、厳しい緊張感を伴って対峙する著者の姿がある。そして、著者は次のように言う。「私の行ってきたこと、男から女へのトランスジェンダー的な動きは、二つのカテゴリー間を水平に男から女へと移動する旅ではない。分離していると思えた制限の数々を一つずつ経験しながら、それらが私のすべてだったのだということを知ること、もともと自分の内に持っていたのだということを認める、そのことを知ることが目的だったのだ」と。まさに「女／男」の二分法を超えた先にある、すべての統合としての「私」と著者は出会うのである。

著者がヒゲを剃ったその17年後、わたしもヒゲを剃り、「男をやめる」と決めた。それから15年。わたしはここまでの厳しさをもって思索を深めることができただろうか。先達の背中を見ながら、「わたし」の道を歩む旅を続けなければ。改めてそう考えさせてくれる書である。

（土肥いつき）

同性愛者として生きるということ

『もうひとつの青春―同性愛者たち』

井田真木子著

堪《たま》ろうが、堪るまいが、
人間は一人きりでは生きていけないのである。

文春文庫、1997年

高校の卒業式でのこと。僕は、片思いをしていた友人に突然抱きしめられ、耳元で「寂しい」とささやかれた。入学式で出会ってからその人のことが好きでたまらず、毎晩携帯電話を触ってはメールが来ないかチェックしていた。そんな彼に抱きしめられるなんて、僕にとってはそれまでの人生で一番幸せな瞬間であった。だが、周りは騒然となった。なぜなら、高校の廊下で男子学生が抱き合っていたからだ。知人たちに「ホモか！」と大声でからかわれ怖くなり、僕は思わず相手を突き放してしまった。本当は、ずっとこの瞬間が続いてほしい、そう思っていたのに。そして、彼は去ってしまった。

13歳の夏、僕は自分がゲイだと気がついた。小さい頃から女の子とデートをしても胸がまったく高鳴らず、何も感じない自分が不思議だった。たまたまゲイを扱った映画を見て性的に興奮した。その瞬間、なにか社会から隔絶されたような気分になった。お前はゲイなんだ、普通じゃないいんだ——誰かからそう言われたかのような気分だった。

その後も、授業中、前の席の男子学生の肩幅に目がいってしまい、自分を抑えるのに必死だった。そのたびに、僕はダメな存在だと、自分を責めた。高校に入学して、前述の彼に出会い、猛烈に惹《ひ》かれるという体験をした。だが同時にそんな自分を恥じた。自分を責め続け、僕は高校3年生のときに自殺を考えた。その頃、ゲイについてインターネットで検索していて出合ったのがこの本だった。

本書は、「動くゲイとレズビアンの会（アカー）」に所属するゲイの青年7人を追ったノンフィクションである。性的指向を理由に公共宿泊施設利用を拒否されたことを不服とし、彼らは東京都を提訴した。「府中青年の家裁判」である。この裁判を縦軸に、7人各々の生きざまが描かれている。裁判のかたわら、新美広は「同性愛者として生きること」について自問し続けた。大石敏寛は、HIV感染が猛威を振るう時代に、感染者として何ができるかを模索し続ける。彼らの姿を通して、異性愛者中心の日本社会で「同性愛者として生きる」とはどういうことかを問いかける。

あまりにいろいろな人物の視点が交錯するため、初めて読んだときはしっかりと内容を理解することができなかった。しかし読んだ後に、今までに得たことのない心地よい疲れを感じたことを今でも覚えている。ページをめくるたびに自分の胸が熱くたぎっていることを感じ、気づいたら自分も「同性愛者としての生活」をもちたいという気持ちがわいてきていた。自分のなかの負の感情が消えていたのだ。

高校の卒業式で彼と別れた後、僕はこの本を思い出した。読んだときの、言葉に形容しがたい胸が熱くなるような感情が蘇《よみがえ》った。その存在が何とか僕を立ち直らせてくれた。

僕は今、23歳になった。正直なところ、僕はまだ自分が同性愛者であることに後ろめたさを感じている。それでも、これから先、自分は同性愛者としてどのような人生を生きるのか、不安と同時に期待も抱いている。前述の彼の真意をいつか知りたいと思いつつ。（ｙａｋｋｅ）

私自身が、生きている「レズビアン」のひとつの現実

『「レズビアン」である、ということ』

掛札悠子著

女性の同性愛者が抱えている問題と
男性の同性愛者が抱えている問題は、注意深く
区別されなければならない。

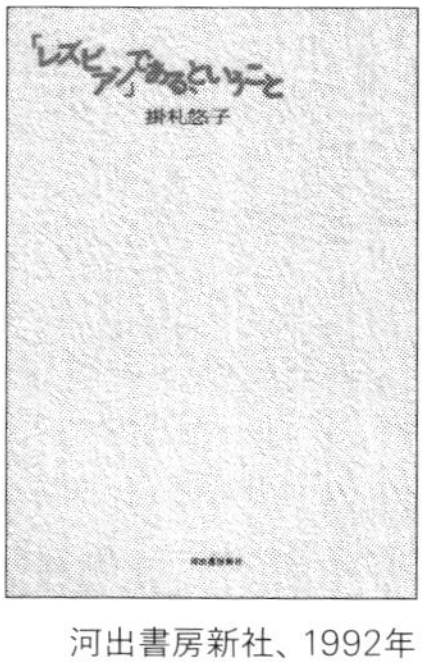

河出書房新社、1992年

1992年に出版された本であるが、幸か不幸か、今もなお「新しい」と言える一冊だ。幸であるのは、時として、あるいはたいていは言葉にすることが難しい、レズビアンをとりまく困難な状況について、明快に、あざやかに、何がどう問題なのかが整理して説明され、批判されていること。一方、不幸なのは、そのような問題ばかりの状況が今もまだ続いていること……。ともあれ、いや、だからこそ、レズビアンであることによる混乱や傷つきや葛藤のなかで、あきらめずに自分の思うことを言葉にして伝えていくためのヒントと、勇気を与えてくれる一冊である。

著者は、女性の同性愛者は男性の同性愛者と異なる問題を抱えているという。言うまでもなくこの社会で女性であることは、多くの不利益をもたらす。女性には、家

事や出産、育児、介護の担い手であることが要求され、教育の機会、職業の選択、生涯賃金の平等はいまだに達成されないばかりかなお悪くなっている。性暴力、セクハラ、パワハラの被害者の多くも女性である。

男性中心社会では、女性は性的な欲望をもつものとされてこなかった。だからレズビアンには、男みたいな女という誤解がつきまとい、その一方で、男性向けのポルノに登場するようなレズビアンのイメージだけが広められてきた。このような歪《ゆが》んだイメージの氾濫は、自分で自分をレズビアンであると認めることや、レズビアンに肯定的なイメージをもつことを困難にさせると、冒頭で説明される。

著者によれば、レズビアンに対する差別の根幹には、「男―子―女」という異性愛に基づく家族制度が正しいとされる社会で、「女のくせに」男を視野に入れない存在、「女のくせに」出産や育児を拒む存在への「憎悪」があるという。とくに思春期に異性愛の正しさが刷り込まれることで、女性と女性との関係は劣ったもの、異常なものと思い込まされ、そう思うようになることが「自然な成長」だとされる。

では、これに対して、同性愛も素晴らしいのです! と言えばいいのかというとそこにも罠があって、同「性愛」というときの「性愛」にはすでに、異性愛の「性愛」で正しいとされたものが入り込んでいる(たとえば、決まった恋人がいることとか、セックスが親しさを表す最高の行為になっていることとか)。そういう「正しさ」は、夫婦や家族といった制度を支えてきたわけだが、さらにレズビアンのなかでも、これこそが「正しい」レズビアンなのだというイメージをつくり出す。せっかくありのままに生きようと、レズビアンであることを引き受けて歩み出しても、今度は仲間のなかでも「正しい」レズビアンでなくてはならないというのだったら、それは滑稽な悲劇だとしか言いようがないだろう。

レズビアンであることには、誰かが決めた勝手なイメージが幾重にもつきまとう。そうではなくて「私自身が、生きている『レズビアン』のひとつの現実なのだ」と、著者は宣言する。レズビアンとはこういう人のことだ、というイメージに合わせるのではなく、「私(たち)という実在の人間」こそが優先されなくてはならないこと。男性でもエセ科学者でもなく、私こそが語ること。本書は、その道しるべのひとつを打ち立ててくれた一冊である。

(佐々木裕子)

90年前、「女」ふたりの恋

『百合子、ダスヴィダーニヤ——湯浅芳子の青春』

沢部仁美著

私はあなたによってよくされ、
あなたはわたしによってよくされる。

この作品は、今から約90年前に愛し合った「女」二人の青春を描いたノンフィクションだ。ひとりは、近代文学史上の重要人物・宮本百合子（今でも教科書に名前が載っている）。そして、もうひとりは男装のロシア文学者・湯浅芳子。二人の出会いがお互いの運命を変えていった様子が、情熱の色そのままに、鮮やかに蘇る一冊だ。

　二人の交際は、最初の結婚に嫌気がさしていた百合子が、芳子に惹かれていくところから始まる。百合子は10代の頃から天才作家として知られ、すでにマスコミに追われる存在だった。彼女は、その才能とはおよそ不釣り

文藝春秋、1990年
女性文庫（学陽書房）、1996年

合いな冴えない男・荒木に出会い、若くして最初の結婚をしたが、その結婚生活は思い描いていたようなバラ色ではなかった。ひとりの人間同士として愛し合うのではなく、男と女の定めのようなものにからめとられる毎日に、百合子は心底うんざりしていた。そんな百合子の前に、芳子は突然あらわれた。

男の着物をまとい、ぶっきらぼう、それでいて繊細な心をもっている芳子。「男のように女を愛する」と言う彼女に、百合子は激しく心を惹かれていく。同性愛という、これまで考えたことのなかった事態に動揺しつつも、百合子の恋は、もう止まらない。二人は膨大な量の手紙を交換し、語り合い、一緒に暮らすようになる。百合子が文学賞をとれば、薔薇《ばら》の花束を持って芳子がかけつけた。百合子に刺激を受けて、芳子もロシア文学者としての仕事に熱心に取り組んだ。

二人の愛には名前がなかった。男女間の愛のような枠も、しきたりもなかった。その代わり、二人は愛や関係を「発明」しようとした。男女の定めではなく、セックスに惹かれるのでもなく、自立した人間同士が愛し合う関係をつくろう。――崇高な理想に燃えあがった百合子は、情熱的に愛を語る。芳子はひとつ呼吸をおいて、うなずく。

人が人と出会い、愛し合う、そのことは、百合子が言うほどに崇高で、清潔なものなのだろうか。「本当の愛」を熱烈に語る百合子は、本当は夢を見ているのではないか。同性愛と言っても「名前のない愛」と言っても、世の中のあらゆるしがらみや人間の性と無関係ではいられない。それに、自分は相手の思うような素晴らしい人間ではない。芳子の心は臆病に揺れた。これまで愛した女たちは、みんな男のもとへと逃げていったが、彼女こそは希望のように見える……。

彼女たちがともに過ごした7年間のことは、著者である沢部仁美が書き起こすまでは、日本文学史からも消されていた事実だった。消したのは百合子で、その残酷さも含めて、百合子のすべてを許したのは芳子だった。二人の本当のことを教えてほしいと頼まれて、晩年の芳子は口を開く。そうして本作品が生まれた。「ダスヴィダーニヤ」とは、ロシア語で「さようなら」の意味。きちんとさようならを言えずに去った恋人への想いは、さわやかで切ない。本作品は、いつの時代にも「わたしたち」が生きていたことの証左でもある。

（遠藤まめた）

「正しい答え」などない

『境界を生きる――性と生のはざまで』

毎日新聞「境界を生きる」取材班著

ただ確かなのは、その多様性を受け止められる、包容力のある社会に近付いていかなければならないということだ。

「男性・女性の体にも多様性がある」

この言葉は、『境界を生きる』という本を読むときに忘れてはならない前提のひとつだ。「境界を生きる」は、2009年9月から『毎日新聞』に連載された。当事者や関係者など多くの人々への取材を行っている。『境界を生きる』という本の意義を踏まえ、今日において、どのようにして、「第三の性」や「性別から自由な性」といった「インターセックス」へのステレオタイプとたたかえるのか。私たちは今、そのことを問わなければならない。

第1章で、「性分化疾患」は"Disorder of Sex Development"の訳語として、DSDと略され、「通常は男女どちらかで統一される性器や性腺、染色体の性別があいまいだったり、一致しなかったりする疾患の総称」と定義されて

毎日新聞社、2013年

いる。しかし、現在は、「Differences of Sex Development：体の性のさまざまな発達（DSDs）」と呼ばれることが多い（詳細は30～31頁コラム参照）。『境界を生きる』は、正確な知識や情報が不足していた当時の「性分化疾患」について取材を重ねている点で、DSDsをもつ人々と話し合い、ともに活動してゆく際に繰り返し参照されるべき一冊だ。

生後間もなく、男性ホルモンが過剰に分泌される「先天性副腎過形成」という疾患だと診断されたあかねさん。女性として育てられたが、思春期に入り、「自分の心は男」だと思うようになる。女性として生き、孫が生まれるのを楽しみにしている母。20歳になった夏、あかねさんは母に本心を打ち明ける。母はあかねさんの苦しみを受けとめる覚悟をする。本書にはそのほかにも、多くのレポートが掲載されている。

「性分化疾患」の患者を2002年から診療してきた国立成育医療センターの堀川玲子医師は、こう話す。「まだまだ未解明な部分が多い性分化疾患に『正しい答え』などありません。本人たちがより良い人生を送っていくためには、多様な性をどれだけ受け入れられるか、社会の成熟度も問われているのです」。それならば、この社会に参加している私たち自身も「当事者」だ。

本書の後半では、「身体的な性別と心理的な性別が一致せず、体に強い違和感を覚えて悩む状態」である「性同一性障害」を中心的なトピックとしている。希望する性の服装で学校に行きたい。戸籍名を変えたい。自分が思う性のグループの友だちと遊びたい。自らが思う体のあり方になりたい。「あたりまえ」のことを望みながら、それが認められないのはなぜか。ここでは、教育現場の現状、孤立する家族への支援の必要性、ホルモン療法など医療の問題、戸籍といった法律の問題など多岐にわたるトピックがとりあげられている。

公務員として働く潤さんは、職場の資材置き場を更衣室として使っていた。同じ職場に性同一性障害と診断された同僚が配属されたとき、連名でカーテンをつけることを上司に要望し、実現した。周囲から見れば小さな一歩だが、当事者にとっては大きな成果だ。

いろいろな不便はある。けれども、一つひとつを積み重ねてゆけば、社会は変わる。本書は、性のあり方に苦しむすべての人に、ありのままの生を肯定することの大切さを教えてくれる。生きづらさに悩む人に寄り添うためにできることがある。

（岩川ありさ）

男と女の境界はどこに？

『ＩＳ～男でも女でもない性』
六花チヨ著

『性別が、ない！～両性具有の物語～』
新井祥著

「男と女　どうして生き方は二つしかないのかな？」
（『ＩＳ～男でも女でもない性』より）

一般に、人はすべて男女の2種類に分けられる、と考えられている。これは、実はセクシュアルマイノリティの間でもそうだ。レズビアンは「女として女を好きな人」、トランスセクシュアルは「生物学的に男に生まれたが性自認は女（あるいはその逆）である人」というように、性自認も性指向も男女どちらかに当てはめて考えられる場合が多い。

講談社、2003年～

ぶんか社、2005年～

ところで、インターセックス（ＩＳ）、半陰陽、両性具有などと呼ばれる人たちがいる。医学用語では「性分化疾患」といって、「染色体、生殖腺、もしくは解剖学的に性の発達が先天的に非定型的である状態」を指す（詳しくは30～31頁コラム参照）。それでは、体の発達状態が一般的な男性や女性と異なる性分化疾患とは、特別な人たちなのだろうか。

『ＩＳ』は、〝ＩＳ〟の当事者を主人公とした、オムニバス形式のフィクションコミックだ。2〜17巻の主人公・星野春は、大きすぎるクリトリスと未熟な膣《ちつ》、子宮と卵巣、精巣をもった「真性半陰陽」として生まれる。戸籍は女として届け出たものの、中学校までは男の子のように育つが、高校では女子生徒として過ごすことを余儀なくされる。さらに、自分は男だと感じながらも、同じ高校のなかで好きな男の子ができてしまい、性自認までが揺らいでいく。

一方、『性別が、ない！』は、自ら〝半陰陽漫画家〟を名乗る新井祥による、4コマギャグ漫画を中心としたエッセイコミックだ。ずっと女性として生きてきた著者だが、30歳にして染色体の異常が判明する。すでに男性と結婚していたものの、性自認はどちらかというと男。以降、中性を目指したり、女性の格好をしてみたりするが、最終的には戸籍は女性のまま、どちらかというと男性的な外見に落ち着いていく。

性自認は、本来は目には見えない。それでは、人は何によってそれを判断するかというと、「声」「胸」「ヒゲ」「筋肉」「ムダ毛」「服装」「髪形」などの記号によってである。その人の自称する性別と記号がすべて一致し、性指向が異性に向いていれば、人は安心する。しかし、これがバラバラだったり、曖昧だったり、途中で変化したりすると、人は不安になるのだ。

けれども、いわゆる男っぽい格好や女っぽい格好をする時期があったり、同性の人が気になったりというようなセクシュアリティの揺らぎは、程度の差こそあれ、実は誰にでも経験のあることなのではないだろうか。また、たとえば乳がんの手術によって乳房を失うなど、何らかの事情でその記号を失うことだってあり得る。そもそも、記号を男女にシッカリ分類しておくのは、それほど大切なことなのだろうか。

性分化疾患と診断されたとしても、男女どちらかの性別として生きていく人がほとんどだという。だが、この2人の主人公は、すべての記号を一致させて男女どちらかとして生きるのではなく、記号を自分で選択し、こうありたいと思う姿で生きていくことを選ぶ。

「人はみんなそれぞれ違う。人と違っていたって、自分が信じる道を進めばいい」。セクシュアルマイノリティという生き方は、そんなふうに考えるきっかけをくれる。だから、セクシュアルマイノリティであることはひとつのギフトである、と思えるのだ。

（山賀沙耶）

ないのである。事実、DSDsを持つ人々の大多数が、自分は他の人と少し違う体のただの男性・女性という認識で、これは通常、子どもを産めない女性や陰核が大きい女性を、社会規範に合わないからと「あなたは女ではない」と言わないのと同じなのだ。

初期には「インターセックスの存在があるから体の性に男性・女性の境界はない」との伝え方がされていたが、このような伝えられ方はむしろDSDsを持つ人々やその家族をひどく傷つけることがあり、誤解にさらされるのを避けるためにさらに社会的孤立に陥る状況が続いてしまったため、現在では「男性・女性の体にも多様性がある」と説明されるようになっている。

だがもちろん、DSDsを持つ人々のなかにも、ジェンダークィア・フルイド(6)や同性愛・両性愛等の人々がいる。そういう人々はLGBT等の性的マイノリティの人々にも親近感をもって、自らを「男でも女でもない」とする人も多い。欧米でもそのような人々は先行する形で社会的認知を受け、LGBTグループの支援も受けていて、DSDsの各体の状態に応じたサポートグループでも、そのような人々も含めそれぞれ個々の人々を尊重した包括的な取り組みがされている。だが、日本ではいまだに存在するインターセックスに対する社会的な誤解により、各体の状態に応じたサポートグループ自体が十分に機能できない状況にある。

LGBT等の性的マイノリティの人々とDSDsを持つ人々の関係は一筋縄ではいかないが、性的マイノリティの人々がアライ(7)となって、まずはDSDsを持つ人々と家族の、ステレオタイプイメージではない実際の状況についての理解を広めていくことは可能だろう。

より詳しくは、「DSDを持つ子どもと家族のための情報サイト ネクスDSDジャパン」(www.nexdsd.com 「ネクスDSD」で検索)を参照。

DSDs：体の性のさまざまな発達
（インターセックス／性分化疾患）

ヨ ヘイル

「性分化疾患／インターセックス」とは、「染色体、生殖腺、解剖学的な体の性が、一般的にこれが男性の体、これが女性の体とされる状態とは生まれつき一部異なる発達を遂げた状態」である。

本書で紹介されている書籍（26～29頁参照）も同じく、このような体の状態をもつ人々に対して「第三の性・中性・両性具有・男でも女でもない性」「性自認の問題をもつ人」「性別から自由な人」という男女以外の性別カテゴリーのようなステレオタイプなイメージが投影されることが多い。だが、このようなイメージは現実のDSDsを持つ人々の状況とは異なっているため、誤解を避ける意味でも、現在ではDifferences of Sex Development：体の性のさまざまな発達（DSDs）と呼ばれることが多い。

DSDsには、然《しか》るべき検査なしでは見た目だけでは性別がすぐにはわかりにくい形状の外性器（尿道口の位置がずれていたり、内性器等が外に露出した状態もある）で生まれる赤ちゃんや、予期せぬ二次性徴あるいはその欠如等で、染色体が男性に一般的なXY型であったり、膣・子宮がないと判明する女性、不妊でDSDsのひとつが判明する男性等さまざまなものがある。出生時に判明する場合、以前欧米では陰茎／陰核の長さで性別を割り振り、男児でも去勢の上、本人に秘密で女児に育てるという「治療」がされることがあったが、現在では遺伝子診断の進歩等で性別が判定できるようになっている。また、思春期で判明するDSDsの多くは女性に生まれ育った人で、染色体や内性器の構成が他の女性たちと違うこと以上に、不妊という、自分の子どもを産めないという事実に大きな衝撃を受けることが多い。

このような体の状態は言ってみれば、たとえば女性なら「ホルモンはエストロゲン優位で 陰核は2.5センチ以下。子宮と膣が必要で、子どもを産めなくてはならない。染色体はXXで性腺は卵巣として機能していないと女性とは言えない」という体の性の生物学的社会規範から、先天的に一部異なる状態にすぎ

知るより、感じて

『性同一性障害30人のカミングアウト』

針間克己監修、相馬佐江子編著

今、振り返ると「なりたい自分になりたかった」と、「自分らしい自分になりたかった」というだけなんやなと思います。

双葉社、2004年

「だって信じられないんだもん」とユキちゃんはつぶやいた。私の友人であるユキちゃんは、大学2年生で、性同一性障害の診断をもらったばかり。これからは女性として生きようとしていた。茶色く染めた髪が伸びて、もともとすらりとした手足が、ワンピースによく似合った。でも、ユキちゃんの表情は浮かない。大学で就職活動の話題が出ると、周りの学生たちがうらやましかった。自分には願っても参加することのできない世界の話だと思ったから。

私は、きっと働けない。私を受け入れてくれる会社は、存在しない。それとも、ニューハーフのお店だったら受け入れてくれるだろうか……。将来に希望を抱いてはいけないと、彼女は、幼い頃から思ってきた。ずっと。

あるとき「性同一性障害でも、一般企業で正社員として働いている人がいる」と友人から聞いて、ユキちゃんは耳を疑った。「信じられない」と繰り返すユキちゃんに、友人は2人のMTF(8)の人を紹介してくれた。喫茶店で先輩たちは、こう言った。「ユキちゃん、私たち、あなたの味方だよ。あなたを応援したいんだからね!」

ユキちゃんが初めて、自分も夢を持っていいんだ、とわかった日だった。

今の時代、インターネット上に情報はあふれている。だけど「知ること」だけでは、人は、安心して動けない。人が、安心して自分の人生を一歩踏み出すときには、やはり見えない力を「感じること」が必要なんだ。見えない力は、誰かとのかかわりのなかに転がっている。LGBTの仲間をつくることだったり、自分のことを少し話してみることだったり、他人の生き方に触れることのなかに……。

レイチェル・カーソンという生物学者が、こう言っている。「知ることは感じることの半分も重要ではない」って。星の名前を並べるより夜空を見上げて深呼吸することのほうが、動物の解剖学的構造を知るよりそのにおいを嗅《か》ぐことのほうが重要なことってあるだろう? ジェンダーやセクシュアリティ、LGBTである自分や誰かについて考えるときも同じ。情報や知識だけじゃ不安は消えなくて、見えない力を少しずつ「感じる」体験を重ねてみて、ようやく安心して生きられるようになるんじゃないかな。

この本には、30人の性同一性障害やトランスジェンダーの人が出てくる。職業もバラバラ、「治療」についての考え方もさまざま。着ている服や髪型、写真にうつる顔かたちも、一人ひとりちがう。出版されたのが10年以上前だから、現在はもう少しだけ社会状況が改善されている部分もある。ぜひ写真を見て、ページに触れて、感じてほしい。この人たち、本当になんでもない(失礼!)一般の人たちで、たぶん超カッコいいわけでもなくて(またまた失礼!)、きみや周りのだれかさんもそうやって生きてきたんでしょ。

もし、現在や未来に不安があるなら、冒頭のユキちゃんみたいに直接に話を聴けたら一番いいのかもしれない。でもなんらかの事情で、もしそれが今かなわないなら、この本を使って、仲間たちを感じよう。(遠藤まめた)

レズビアンの〝バイブル〟

『女を愛する女たちの物語
―日本で初めて！ 234人の証言で綴るレズビアン・リポート（別冊宝島64）』

広沢有美編著

わたしたちの生きてきた足跡を振り返れば、
そこには心から女を愛し、苦しみ、
女とともに生きようとした、
人間としての生の軌跡があるだけです。

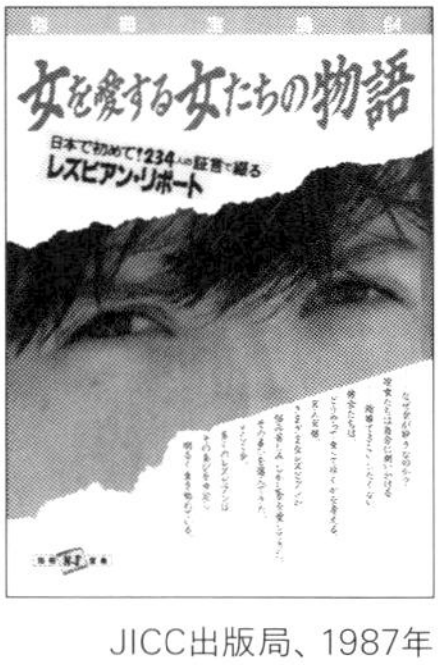

JICC出版局、1987年

「〝地の果て〟の国で恋におちて」「タチ[9] この孤独な生き物」「レズビアン版 新千夜一夜物語」「山に住むレズビアンの話」「バイセクシュアルが語る 女との愛・男との快楽」———目次には、こんな気になるタイトルが並ぶ。

この本が出版されたのは、1987年。まだ携帯電話も普及しておらず、もちろんインターネットなんてない時代。日本全国にひっそりと暮らすレズビアンたちの素顔を明らかにし、彼女たちの生の声を全国の端々にまで届けたい———。一人の当事者の強い思いから、本書は企画・制作・出版された。ちなみに、その当事者こと本書の編著者・広沢有美とは、『百合子、ダスヴィダーニヤ―湯浅芳子の青春』（24頁参照）を執筆したノンフィクションライター・沢部ひとみさんのペンネームである。

本書は、大きく2つのパートに分けられている。パート1は「レズビアンを生きる」として、波乱万丈な人生を明らかにした自分史や、個性的に生きるレズビアンのインタビュー、セックスに関する座談会、新宿二丁目[10]のバーの取材レポート、日本初のレズビアンサークル「若草の会」の歴史など多様な読み物で構成されている。パート2は、当事者234人の声を集計した「レズビアン・リポート」。郵送などで実施したアンケートの回答をもとに、恋愛や仕事、結婚、社会との関わり方など、全国のレズビアンが何を考え、どう生きているのかを明らかにした、日本初のレズビアン証言集だ。

　当時レズビアンを公言して生きている先達はおらず、自分以外に女性を好きな女性がいるのかもわからない。そんな状況のなかで、彼女たちは血眼になって仲間を探し、荊棘《けいきょく》の道を切り開き、力強く生きてきた。その軌跡が記された本書からは、「ただ、ありのままの姿で生きていきたい！」という彼女たちの血を吐くような叫びが聞こえてくるようだ。

　1980年代の女を愛する女たちの叫びが凝縮されたこの本は、それまで〝レズビアン〟という言葉から想像された、週刊誌などでスキャンダラスに報じられる隠花植物的なイメージ、あるいは男性向けのポルノグラフィに登場するような性的なイメージを打ち破り、生身のレズビアンの姿を浮き彫りにした。私自身、とくに40～50代のレズビアンたちが「この本は私にとってバイブルでした」と言うのを何度も聞いたが、どれだけの人たちがこの本によって救われたことか。

　当時から考えると、レズビアンを取り巻く状況は大きく変わった。今や、新宿二丁目を中心に全国にレズビアンバーがあり、レズビアン向けの書籍や雑誌がある。インターネットを使って、レズビアンの集まるイベントや店をチェックしたり、掲示板で新しい人と出会ったり、SNSで気の合う仲間を見つけたりもできる。

　ところが、これだけセクシュアルマイノリティに関する情報が流布している今でも、学校や職場、家族の前で堂々とカミングアウトしたり、パートナーを紹介したりできる人は多くない。日本では同性カップルに対する法的な保障もない。〝女を愛する女たち〟が胸を張って生きていくには、まだまだ課題が山積みだ。

　それでも大丈夫、私たちには道を切り開いてきてくれた先輩たちがいて、同じ道を行く仲間がいるのだから。出版から28年経った今でも、この本を開くたびに、そんなふうに勇気づけられるのである。

（山賀沙耶）

人は変わる、社会も変わる

『季刊セクシュアリティ70号　虹の架け橋をわたる』

〝人間と性〟教育研究協議会編

自分が生きている意味は自分で決める。

エイデル研究所、2015年

『季刊セクシュアリティ』は、性教育についてのあらゆる情報が載っている雑誌だ。その内容は、性に関する国内外の最新情報やリポート、思春期の子どもたちのボディ・イメージ、障害児への性教育、性暴力に関することなど、実に多岐にわたる。

かつて、このレビューを書いている私が高校生だった10年以上前から、『季刊セクシュアリティ』は学校の図書館に入っており、休み時間や放課後に、ひそかにその内容をめくってみた記憶があるが、全国各地の学校現場で「すぐ使える」必要な情報が詰まった本誌は、本当に貴重な存在だと思う。なにしろ、現在の学校で、子どもたちに性のことをどのように伝えたらよいかの方針や手本はとにかく少なく、国や都道府県の教育委員会が取り組む以上の工夫や熱心さが、現場では日々求められているからだ。

このように、『季刊セクシュアリティ』の内容の充実ぶりは常に素晴らしいのだが、そのなかでも、LGBTなど多様な性に関する話題が本雑誌において重要な課題として扱われてきたことも特筆に値する。とくに、本号は、LGBTや性分化疾患といった「多様な性」を生きる当事者やその周りの人らによる連載「虹の架け橋をわたる」を一冊にまとめ、さらに一部書き下ろしのエッセイも含めた(ゴージャスな)集大成だ。

執筆者は多岐にわたる。ゲイを公表した学校の教員や政治家がいれば、子育てをしているLGBTもいる。親にカミングアウトをした当事者がいる一方で、子どもからカミングアウトされた親の体験も綴られている。執筆者の住んでいる場所も、大都会から地方都市、海外まで実にバラバラだ(私も、この執筆陣のひとりで、トランスジェンダーとしての自分をどうとらえていったかという過程を描いた「『まだ』の性」というエッセイを寄せている)。

セクシュアリティも、生き方も、年齢も異なる人たちが、それぞれ自分の生きてきた道のりや感じていることを綴っているので、写真や文章を読んでいくだけでも、とても内容が濃い。文字や写真を通じて、人と知り合う疑似体験のできる本として、この一冊だけでもずいぶん「重み」のある本といえるだろう。

かなりバックグラウンドの異なる面々からなる執筆者たちだけれど、ひとつ共通していることがある。それは、いずれも「なんらかの活動をしている」人たちであり、総じて「じっとしていない人たち」「自分の人生を切り開くんだ、という強い動機に動かされてきた人たち」ということだ。ここで語られているのは、単に「セクシュアルマイノリティである自分」というだけでなく、ジェンダーやセクシュアリティが、どのようにその人の生き方に影響をしてきたのかという記録でもある。

人は変わる。住んでいた場所を変えることもあれば、ジェンダー・セクシュアリティについての自分自身の認識を変えることもある。周りの人との関係性を変えることもある。そして社会自体も変わっていく。その変化していく様子を、それぞれが人生のなかでどのように意味づけしてきたのか胸の深いところに響く一冊である。

(遠藤まめた)

私の大切な一冊

「わたし」の居場所をつくる小説

岩川ありさ

『容疑者の夜行列車』
多和田葉子著、青土社、２００２年

子どもの頃、一人称代名詞を使わずに生きていた。日本語は、一人称抜きでも伝わる言語だとよくいうけれども、一切使わずに生き抜くのは、難しい。私、僕、俺、おいら、あたい、妾《わらわ》、我輩《わがはい》、うち、など――。日本語の一人称代名詞は、ジェンダー、社会的な階層、地域性、時代背景など、さまざまな要素を反映している。だから、多和田葉子の小説『容疑者の夜行列車』を読んだときには驚かされた。

駅の様子がちょっとおかしい。ホームに人が嫌に少ないのである。それに、駅員たちがそわそわとして、何か秘密でも隠しているようである。駅員をつかまえて、どうかしたんですか、と尋ねるのも妙であるから、黙って観察しているしかない。駅全体が化けの皮をかぶっているのに、あなたはそれを剥がすことができずにいる。（同書７頁。傍点引用者）

冒頭から読み進めてゆくと、突然、「あなた」という二人称代名詞が現れる。読者は、自分のことではないとわかっていながらも、突然現れた「あなた」という言葉の力に引きずりこまれて、もしかしたら、駅のホームにいるのは、自分なのではないかと戸惑う。この本を読んだのは大学生の頃で、小説は一人称か三人称で書かれるものだと思い込んでいたので、自分と登場人物の区別がつかなくなるような読書経験が心地よかった。

「あなた」という二人称代名詞で呼ばれる主人公は、異なるイデオロギーや政治体制が敷かれた国や地域を一人で旅してゆく。東西冷戦時代を背景としながら、「あなた」は、知らない言葉、知らない文化を渡りながら、それまで当たり前だと思っていた「ものの見え方」を揺さぶられる。「あなた」と呼びかけられた読者は、この旅をしたことがないはずなのに、なぜか小説のなかの登場人物になったような気持ちになる。しかし、小説を読むという行為は、そもそも自分ではない何者かになってゆく過程なのではないか。今とは別の生を言葉のなかで想像することは、楽しくて、怖い。

あなたは、仕方なく、服を脱ぎながら、いつの間にか両性具有になっている自分の身体をそれほど驚きもせずに眺めていた。どんな不思議なことも、昔からそうなると決まっていて、しかも、自分はそれを予め知っているのに、知らない振りをしていきているだけなのだ、ということが分かった。（中略）ふっくらとした乳房の間から、下の方で揺れている男性器が見える。自分は本当に、男でもあり、女でもあるのだろうか。（同書92頁）

実はこの部分は、シベリア鉄道に乗りながら、主人公の「あなた」が見た夢である。「乳房」もあり、「男性器」もあるという身体のあり方を誰もが知っている。それなのに、あたかもありえないかのようにして生活している。それに対して、この場面では、「どんな不思議なこと」もあらかじめ知っていたのだと語られる。「あなた」と呼びかけられていたせいもあるが、この本を読んでいる「わたし」自身が変化する日を想った。言葉のなかに居場所を見出した「わたし」は、そのときから、一人称代名詞を使うようになった。この本のなかに現れるクィアな生が、「わたし」に生きる可能性をくれる。一冊の小説がひとりの人間のために居場所をつくることもあるのだ。

「希望がなければ人生は生きるに値しない」
『ハーヴェイ・ミルク』『MILK』

ハーヴェイ・ミルク——。ガンディー、キング牧師と並び称され、彼の演説はオバマ大統領の「希望の演説」のお手本となった。しかし、日本での知名度はあまりにも低い。

“伝説の人”の活動期間はいつも驚くほど短期間だ。ミルクは1978年、アメリカで初めて選挙によって選ばれたゲイ（男性同性愛者）の市政執行委員になった。在任期間はわずか11カ月。彼が提案した「ゲイ権利条例」に唯一反対した同僚委員、ダン・ホワイトによって暗殺される。

ミルクを描いた映画を２本紹介しよう。1984年公開のドキュメンタリー『ハーヴェイ・ミルク』と、2008年公開、ショーン・ペン主演の『MILK』だ。どちらもアカデミー賞をはじめ、数多くの映画賞を受賞している。

僕はいつも、LGBTを扱った映画を観ると「この映画で語られている内容は日本にとって、過去か？　未来か？」と考えてしまう。ミルクが活躍する1970年代、アメリカではゲイであることがわかると、職を失い、ゲイバーでは微罪で逮捕され、たとえ殺人事件の被害者になろうとも、警察はマトモに捜査しない、という“古い時代”だった。しかし、当時のアメリカには彼が制定したような「ゲイ差別禁止法」が成立している地域もあり、反対派によって熱心に廃止運動が行われた時代でもあるから、まだ見ぬ“未来の姿”でもある。

どちらの映画にも登場するミルクの言葉は今も色褪《あ》せない。

「同性愛の人を（政治家に）選ばなければならない。そうすれば、（同性愛の）子どもたちは、よりよい明日へ希望をもつことができる。希望がなければ、人生は生きるに値しない。そういう子どもたちに希望を与えるのは、あなただ」

死後、ミルクの遺灰は友人らの手によって、サンフランシスコブリッジから太平洋へとまかれた。その歴史を知るとき、太平洋でつながる日本に住む僕は、彼の存在をぐっと近くに感じるのだ。彼は自分のことを「ただの候補者だと思ったことはない。運動の一部だと思ってきた」と言っている。僕はミルクになることはできないけれど、彼の死後も続く運動の一部になることはできる。

ハーヴェイ・ミルクはもう、いない。しかし、ミルクの“希望”を“現実”に変える“言葉”を紡ぎ出すことは、僕にも、あなたにもできるのだ。

（石川大我）

第2章　LGBTってなに?の疑問に答える本

Lovely Great Book Tour

セクシュアリティとは「自分とは何者か」という問いかけ

「LGBTってなんの略?」 こんな言葉を聞いたり目にしたりすることが多くなりました。あたかも「L/G/B/T」という4つの箱があって、セクシュアルマイノリティは皆そのどれかに入るに違いない、と思うかもしれませんが、話はそう単純ではありません。どんな人も性自認と性的指向の組み合わせで成り立っていますが、なかでも、LGBは性的指向のマイノリティ、Tは性自認のマイノリティです。そこには、女性をパートナーにするトランス女性もいるし、男性を好きになるトランス男性もいる、というわけです。多様な性をひとくくりにするのは至難の業《わざ》なのですが、LGBTがつながることで孤立が解消され、社会的認知が促進される、という効用があるため、この呼称は何かと重宝されています。

さて、第2章では、比較的最近の本を8冊ご紹介します。この章の目的は、単なるセクシュアルマイノリティの解説にとどまらず、どんな人ももつ属性としての性的指向・性自認・性別表現と、その基盤となる「セクシュアリティ」(性のありよう)について広くとりあげた本を紹介することです。そのため、性教育や人権教育の分野で役立つ本がいくつもあがっています。

この8冊以外にも、2000年代に発刊された『同性愛って何?——わかりあうことから共に生きるために(プロブレムQ&A)』*1(伊藤悟、大江千束ほか)、村瀬幸治

*1 2003、緑風出版

『最新版セクソロジー・ノート―性…もっとやさしくもっとたしかに』[*2]、杉山貴士編『聞きたい知りたい「性的マイノリティ」―つながりあえる社会のために』[*3]などがあります。最近発行された牧村朝子『百合のリアル』[*4]は、「男／女、同性愛者／異性愛者、と切り分けられている状況との向き合い方を見つけるための本」。セクシュアリティについてやさしい言葉で書かれています。

また、幼稚園・保育園・小学校低学年などで使える教材として、『タンタンタンゴはパパふたり』[*5]や『王さまと王さま』[*6]『じぶんをいきるためのるーる。』[*7]などの絵本があります。これらはおとなの読み物としてもおすすめです。

そのほか、本書でとりあげた『解放教育』518号（58頁参照）をはじめ、「セクシュアルマイノリティ―性の多様性と教育」[*8]（『女も男も』125号）、「多様な性を生きる人々」[*9]（『部落解放』711号）など、教育や社会・思想、人権関連の雑誌でも、さまざまな視点でセクシュアルマイノリティについての特集が組まれています。

これらの本に共通するのは、「セクシュアリティとは、自分への問いかけである」ということ。セクシュアルマイノリティは、自分の存在が社会的に認知されていないことから、自分とは何者かを自問自答しながら成長することが多いのですが、「多数派」とされる「性別違和のない（シスジェンダーな）異性愛者」にとっても、実はこの自問自答は人が生きていくうえで必要不可欠なプロセスです。教育者や学生が「自分とは何者か」を問いかける際には、この章で紹介した本が格好のツールとなるでしょう。

＊2　2004、十月舎
＊3　2008、日本機関紙出版センター
＊4　2013、星海社新書
＊5　ジャスティン・リチャードソン＋ピーター・パーネル文、ヘンリー・コール絵／尾辻かな子＋前田和男訳／2008、ポット出版
＊6　リンダ・ハーン＋スターン・ナイランド絵と文／アンドレア・ゲルマー＋眞野豊訳／2015、ポット出版
＊7　ippo. 著／2015、解放出版社
＊8　2015、労働教育センター
＊9　2015、解放出版社

さまざまな性を生きる人々の声

『LGBTってなんだろう?——からだの性・こころの性・好きになる性』

薬師実芳ほか著

『NHK「ハートをつなごう」LGBT BOOK』

NHK「ハートをつなごう」制作班監修

それまでは「だれもわかってくれない」と思い込んでいたけど、そうじゃないことを知った。
(『LGBTってなんだろう?』より)

『LGBTってなんだろう?』は、性的マイノリティの若者の生活を教育、就労の面から支援し啓発活動を行うNPO法人ReBit(りびっと)のメンバーによって編集された。4人の著者もさまざまな性を生きる20代の若者たちである。

ReBitは2009年に学生団体として設立し、2014年にNPO法人となった。教職員や行政職員、保護者、企業等を対象に性的マイノリティの人権に関する研修を行うだけではなく、小学校から大学まで、子どもたちとともに性の多様性を学ぶ出張授業を積極的に行っている。

本書はそれらの経験をもとに、子どもからおとなまで「LGBTってなんだろう?」という疑問について一緒に考え、学べる一冊になっている。また、学校の授業で

合同出版、2014年

太田出版、2010年

使えるようなワークシートや授業実践報告が掲載されていたり、イラストもふんだんに挿入されていて、とくに教職員の方々に使ってもらうことを企図して構成されている。

そのイラストの「人間」が、どれも一見では性別がわからない形にデザインされている。私たちの社会では、見た目でその人の性別を判断することが多々ある。しかし人間の性のあり方はそんなに簡単なものではなく、本書の副題に「からだの性・こころの性・好きになる性」とあるように、3つの側面から、さらにはもっともっと多様な側面が幾重にも重なり影響し合って形成されたとても複雑なものである。それにもかかわらず、私たちはその人の性別やセクシュアリティをとにかく知りたがる（男か女か、異性愛かそれ以外か……）。それはなぜなんだろうということを、表紙から裏表紙まで多くのページに登場するこの性別がわからない「人間」たちが問いかけてくる。

そして本書の最大の特徴である、さまざまな性を生きる学生50人以上の声が、「LGBT」ではくくりきれない多様な存在と、そのような存在を想定してこなかった社会（学校、就労、家族、友だち、相談など）のあり方の問題をつきつけてくる。

『LGBT BOOK』はNHK教育テレビジョン（Eテレ）が2006年から放送してきた「ハートをつなごう」（2012年終了。現在は「ハートネットTV」）という番組をもとにつくられたものである。「ハートをつなごう」では早くから「性同一性障害」を、その後、「ゲイ、レズビアン」「LGBT」をテーマにし、これまで「オネエタレント」しか見えなかったテレビに、「普通」の生活を送る性的マイノリティ当事者の姿を丁寧に映し出していった。本書にはそんな人々の写真が数多く掲載されている。また著名人からのメッセージも寄せられていて、その人のバックグラウンドとLGBTが抱える問題の共通点や差異なども提示されるものとなっており、幅広く「社会」を考えられるものになっている。

いずれもタイトルに「LGBT」とついているが、そんな枠組みを軽く飛び越える多様な存在が、この2冊には満載である。「わたし」が社会に生きる多様な存在のひとりであるということを自覚し、これからどのように生きていくかを考える手がかりを得ることができる本である。

（渡辺大輔）

いまさらこんなこと聞きづらい

『ゲイのボクから伝えたい「好き」の？（ハテナ）がわかる本 —みんなが知らないLGBT』

石川大我著

大切なことは、（中略）自分の目のまえにいる、その人と向き合って（中略）いくことなんだ。

太郎次郎社エディタス、2011年

高校3年生のとき、保健室の先生にカミングアウトした。「相談したいことがあるんです」。そう言って、石川大我の『ボクの彼氏はどこにいる？』（講談社）を差し出した。彼女はそれを見て、何かを察した。本をパラパラとめくり、最後にこう言った。「古堂くんは、女の子の格好がしたいの？」――僕は内心、ずっこけたのだった。

「ゲイであること」と「女装したいと思うこと」は、セットではない。「ゲイ」というのは「男として男が好き」「好きになる性別が同性である」という意味だ。一方、「女装したいと思うこと」は、理由はさまざまあるだろうが、自分のことを女性と思っているとか、女性の格好が落ち着くとか、そういう理由だろう。ここを混同してしまうのは、ゲイに対するあるあるな誤解なのだ。

『「好き」の？（ハテナ）がわかる本』は、こういった「よくある誤解」や〝いまさらこんなこと聞きづらい……〟と思われるような疑問にも、明快に答えてくれる。

セクシュアリティの3要素（カラダの性・ココロの性・スキになる性）について知ると、「結局、その人が『男か』『女か』『そのどちらでもないか』は、どうやって決めるの？」というふうに混乱してしまうかもしれない。この質問に対する石川の答えはこうだ。「ココロの性（性自認）のレベルで決めるんだ。なので、いくらカラダが男らしくゴツくても、ココロのなかで自分を女性と思っていれば女性だし、逆に、男性と思っていれば男性なんだ」

そこで、さらに別の疑問がわく。「じゃあ、その人を『彼』『彼女』のどちらで呼べばいいんだろう」。これには、石川はこう答える。「相手のココロの性にあわせるのがエチケットじゃないかな？ つまり、自分は男って思っているのであれば『彼』と呼ぶべき。本人が自分のことを『ぼく』と呼んでいたり、何かのメッセージを発しているると思う。こうしたヒントを参考にするのもいいね」

僕がきょうだいのように慕う友人は、カラダが女性で、ココロは「女性ではない、どちらかと言えば男性寄り」というXジェンダーだ。知り合って間もない頃は「さん」付けで呼んでいた。でも、仲良くなるうちに「くん」付けで呼ぶようになった。それは、一人称が「僕」であったり、僕よりもつきあいの長い人たちがそう呼んでいたからだ。ただ、律儀な性格の僕は、念のため確認したのだ。「『くん』付けで呼ばれるの、嫌じゃない？」「うん、大丈夫だよ」。はれて僕は、「くん」付けで呼ぶようになった。

セクシュアリティは、見た目からはわからない。他人が決められるものでもない。だからこそ、対話が必要だ。「わたしはあなたのことをもっとよく知りたいと思っている」という姿勢があれば、それを無下《むげ》にする人はそういないはずだ。そして、よりよく理解するためには、「あなたのありのままを受け止めるよ」というマインドと、基本的な知識や情報をもっていることのバランスが大事だ。

女装がしたいわけではないことを説明したら、保健室の先生は「ぜんぜん知らなかった。もっと勉強するね。教えてくれてありがとう」と話してくれた。そんな彼女に、ぜひこの本をすすめたい。

（古堂達也）

性の多様性は、地球上のすべての人が織りなす現実

『セクシュアルマイノリティ 第3版
――同性愛、性同一性障害、インターセックスの当事者が語る人間の多様な性』
セクシュアルマイノリティ教職員ネットワーク編著

明石書店、2012年

「自分は自分のままでいい」と思いを定め、一度しかない人生を「自分らしく生きよう」と心に誓ってください。

右の一文は、「自分こそがセクシュアルマイノリティであると自覚した当事者の方たち」に向けて書かれた言葉である。だが私はこれを、私を含むすべての人に向けられたメッセージとして読んだ。私は「セクシュアルマイノリティであると自覚した当事者」ではないが、この言葉を読んで、自分もそうありたいと願うからだ。

この一文は、「今は無理でも将来きっとそうしてください。私たちも応援しています」と続くが、この言葉も私に向けられたものとして受け止める。同時にこれは、私が自分のものとして発したい言葉でもある。

『セクシュアルマイノリティ』の初版が発行されたのは2003年のこと。性教育、人権教育の一環としてのセクシュアルマイノリティ教育のテキストとして編まれた本である。「第1部　生物の多様な性とインターセックス」「第2部　心の性と性同一性障害」「第3部　同性愛と性的指向」の3部構成になっている。本書の特徴は、執筆者が全員セクシュアルマイノリティの当事者であるという点だ。

2003年といえば、私が性教育にかかわって6年あまりが経った頃だ。性の多様性やセクシュアルマイノリティについても学習テーマとしていたにもかかわらず、また、私と同じ教職員の仲間が書いた本であるにもかかわらず、本書を読んではいなかった。私がこの本を手に取ったのは、2012年発行の第3版である。

当事者の声に耳を傾けない、ひとりよがりの授業実践はゆがむと思う。

2003年当時私が行っていた「性の多様性」に関する授業実践は、セクシュアルマイノリティを一特別な存在」として取り上げ、対象化したうえで、彼ら彼女らは決して「特別」な存在ではない、と生徒に納得させるというゆがんだ構造をもったものであった。

生徒対象の講演会に「アカー」(動くゲイとレズビアンの会)のメンバーを招き、同性愛について講演していただいたことがある。生徒たちの感想のなかに「特別な人だと思っていたら、普通の人だったので驚いた」というものが数多く見られたのだが、そのことの問題点にも気づくことなく、「よかった」と納得していたのである。

本書を読み、また、セクシュアルマイノリティの方々と交流し、私はようやく「性の多様性は、私も含めたすべての地球上の人々が織りなしている現実である」ということに気づくことができた。

「セクシュアルマイノリティの人々の問題」とされていることは、実はみんなの問題なのだ。マイノリティの人権が尊重される社会は、多くの人々の人権が尊重される社会なのだ。

その当たり前のことに私の目を開いてくれたのは、『セクシュアルマイノリティ 第3版』とセクシュアルマイノリティの人々と、支援に携わってきた人々、学者・研究者の人々であった。

「一度しかない人生を『自分らしく生きよう』と心に誓ってください」。この言葉を心のなかで繰り返して、私も生きていこう。

(水野哲夫)

当事者、医師、法律家がわかりやすく解説

『プロブレムQ&A 性同一性障害って何？ 増補改訂版 ―一人一人の性のありようを大切にするために』

野宮亜紀ほか著

動植物を含め、「自然は多様性を愛《め》でる」ものであり、人間の性にもそれがあてはまると識《し》ることは、人間性を豊かにする。

緑風出版、2011年

1998年10月、私は通勤途上のカーラジオから流れるニュースに思わず引き込まれた。埼玉医科大学で、日本初の「性別適合手術」（FTM）[11]が行われたというものだった。「心の性」を「体の性」に合わせるのではなく、「体の性」を「心の性」に合わせることこそ正しい治療であるという解説が続いていたと記憶している。

当時、一般的には偏見と興味本位で語られていた「性転換手術」が、「性別適合手術」[12]として社会的に認知さ

れ、容認されていくきっかけになった日ではなかったかと思う。その頃私が勤務していた公立小学校では、「男女混合名簿」をめぐって職員会議が紛糾していた。人間の性とは何かを考えざるを得ない状況にあったため、とりわけこのニュースが心にとまったのだろう。

その後、性的マイノリティ当事者の方たちと出会うなかで聴いた、学校教育のなかで傷ついてきた話や「質の高い性教育をしてほしい」という思いは、自分が今まで行ってきた「世の中には男と女しかいない、異性愛しかない」という前提での「性教育」の中身を見直すきっかけになった。性のあり方を、「男女二元論」としてとらえるか、「多様な性」としてとらえるかで、日常の言動、自分の生き方まで変わってくる。そして、性の問題だけでなく、家族、民族、宗教、国家など、私たちはふだん、どれだけ規範や常識にとらわれて生きているのかを実感することができる。「多様性」を認められないところに差別が生まれるのだと思う。

本書は、当事者、医師、法律家がそれぞれの立場から、医学的、法律的な部分にまで踏み込んで、さまざまな問題をわかりやすく解説している。「Ⅰ　性同一性障害って何？」から始まり、「Ⅱ　性同一性障害の治療」「Ⅲ　性同一性障害と生活・仕事」「Ⅳ　性同一性障害と法律・社会」という構成になっている。

長年、日本での性別適合手術合法化のために、また、戸籍の変更を可能にするために、そして、何よりも性的マイノリティに対する偏見と闘ってきた執筆者の方たちならではの、具体的で説得力のある解説である。その闘いはまだ途上にあるけれど、確実に前進していると思う。その闘い巻末資料の「性同一性障害に関する診断と治療のガイドライン[13]（第三版）」は、その闘いの歴史として読みごたえがある。

この本を読みながら、私は20代半ばになった教え子のTさんのことが頭から離れなかった。受け持っていた当時小学2年生のTさんは、やさしくて、お茶目で、ダンスが大好きな「男の子」だった。大学卒業間際に「性別適合手術」を受けたことを聞き、久しぶりに会ったTさんは、黒のロングのスカートがよく似合うやわらかな物腰のすてきな女性だった。職場での理解が進まず、傷つくことが多いそうだ。Tさんに元気になってほしい。Tさんが元気になれる世の中であってほしいと願わずにはいられない。

（川端多津子）

解が世間にはある。しかし、それをAセクシュアルはうまくできない。まったく関心がないから。ところが、そういう話ができないと、相手から「私を／オレを拒絶している」「気取ってる」と勘違いされたり、あるいは嘘つきだと誤解され嫌われる。「なぜ恋愛しないのか？」と問われて、「（何を自明極まりないことを聞いてくるんだろう？と思いつつ）犬の糞を拾って食べたりしないでしょ、それと同じ」と真面目に答えても、相手は私が嘘をついているとしか受け取らない。挙げ句、他のことまで信じてもらえなくなる。かと言って、演技し無理に話を合わせても極めて不自然になるし、知人の悩みもわかってあげられない。

あるいは、お節介な人が誰かを恋愛的に押しつけ、けしかけてきたりすることもある。そういうことは一種のストーカーのように感じられとても不快だし、第一その相手にも失礼であろう。まれに私に好意を示す人もいたが、その人に対しても同じように感じていた。

また、Aセクシュアルは他の性的少数者からも理解されにくい。「人間誰しも、少なくとも男女のどちらかを好きになる」と思っている人が多いし、恋愛感情を抱かないことに固有の悩みがあるとは思ってもらえない。最近、「同性婚」等がクローズアップされている。私は、皆の幸福総量が増すと思うので「同性婚」等に肯定的だが、その動きが、さらに上記の傾向を加速してしまうかもしれないとの危惧もある。今後の社会保障政策が、同性カップルを含む広義の"家族"を単位として設計されてしまうことにまでつながりかねない。

Aセクシュアルは本来、人間嫌いではないと思う。しかし、他人への関心が薄い面はある。さらに、上述したように極めて誤解されやすいために、人間関係のトラブルが多いことも事実だ。また、恋愛等のリビドーがないため、生きる熱意も他人より乏しいことなどから厭世《えんせい》的になりやすいかもしれない。

Aセクシュアルへの理解が進むことを望んでいる。

Aセクシュアル

樹村 ゆーかり

Aセクシュアル（「アセクシュアル」または「エイセクシュアル」と読む。「無性愛」とも）とは、男女どちらに対しても恋愛感情や性的関心を一切抱かないこと、もしくはその当事者のことである。100～200人に1人がAセクシュアルだという専門家もいる。転じて「恋愛やセックスに淡白な人」を指して用いる例も以前見かけた。

他の性的少数者と同じくAセクシュアルも多様である。定義や多様なあり方の詳細はネット検索していただきたい。以下は、私の例に即して記す。

よく「男嫌い」「女性嫌悪」あるいは「性そのものへの嫌悪」と誤解されるが、違う。別に嫌悪しているわけではない。性的にストレートな人が同性に抱く性的感情・感覚を男女双方に対し覚える、というのが近い。ストレートな人が同性や「性そのもの」に嫌悪を抱いていないのと同じように、Aセクシュアルも男・女・「性そのもの」いずれにも嫌悪を抱いてはいない。性的に関心をもたれない限り、男女双方とも普通につきあえるが、関心をもたれたとたん、相手が不気味に感じられてしまうのである。

自分がこういう感覚をもっていることに薄々気づいたのは中学生の頃だが、当時はまだ悩まなかった。「これはヘン」と思い始めたのは高校以降。周囲の人々と違って、異性にまったく興味がわかない。恋愛がメインのドラマや歌、小説、マンガ等はいずれもとても退屈なものに感じられる。男女とも、異性の軽い体臭を好ましいと感じる人が多いように見受けられるが、私には同性のそれと同程度に不快に感じる。悩んだ末、試しに同性愛雑誌を見てみても、ものめずらしくはあったものの、退屈なことに変わりはなかった。

自分はAセクシュアルである、とほぼ確信したのは就職してからだ。他の件で受診した医師の著書で、Aセクシュアルに触れられているのを目にしてからである。

同性しかいない場での「恋バナ」や「猥談《わいだん》」は万人に通じる話題だ、という誤

性教育の原点は「いのち・性・自尊感情」

『**性について語ろう**——子どもと一緒に考える』

池上千寿子著

性は生きていることと自然につながっているのです。
性を特別扱いして蓋《ふた》をするのは
とても不自然なことではないでしょうか。
まず蓋をはずしましょう。

岩波ブックレット、2013年

本書の副題は「子どもと一緒に考える」である。子どもに対する性の教育とは、性についての科学的知識を伝授することではなく、子どもと一緒に「性ってなんだろうね」と、おとなも一緒に調べてみること、そしておとなも、改めて性を問い直してみることだと著者は述べる。それが子どもの役に立つのだ、と。性教育は自分には無関係と思っている子どもたちが多いが、「自分のこと」として性をとらえ考える機会に出合うと、「これこそやってほしかったこと」という声が返ってくるという。

第1章に出てくる「いのち・性・自尊感情」を頂点キーワードにした「いのちと性」という図は、「関係性とコミュニケーション」「他者の受容と多様性の理解」「信頼・

やすらぎ・よろこび・成長」「性の健康リスク・望まない妊娠・性感染・DV／性加害・性被害」「だれもが安心できて生きやすい社会・自分が安心できて生きやすい社会」「偏見・差別・排除・いじめのない社会へ」などが、相互に関係をもちつながっていることを表している。この図から、ひとつの問題事象を単独でとらえるのではなく、事象の背景や原因、子どもの生育の過程で何があったのかを探るヒントを得られるだろう。また、子どもからの質問ひとつをとりあげて、次々に話を発展させていけることも、この図は教えてくれる。いつでもどこでも誰にでも、どんな性の問題について語る場合でも、伝えたいこころの原点は「いのち・性・自尊感情」であるのだ。

「いつでもどこでも役にたつコミュニケーションの五つのルール」の項では、コミュニケーションスキルは座学では学べない、家庭でも難しいとしながらも、シンプルなルールを小さいときから繰り返し伝えておくことで事態は改善するという。そのルールとは、

①性別を言い訳や口実に使わない
②性やからだのことで相手を非難したり揶揄《やゆ》しない
③自分がされたり言われたりしたら嫌なことは相手にしない、言わない
④自分のことは自分で言わなければ相手に伝わらない。相手のことは相手に聞かなければわからない
⑤性関係をもつようになったら性の健康を守る

というもの。とくに④は、「つきあっていればわかるはずだ」とか「家族・親子ならわかって当たり前」という感覚に陥りやすいので、はっと気づかされる言葉である。

第6章「多様な性のありよう―セクシュアリティについて」では、「多数派だから正常というわけではない」と強調する。社会的に多数であるということと、正常か正常でないかとは無関係だ。だが、少数派には「少数であるから異常」というイメージがつきやすく、少数派を排除したり差別したりすることにつながりがちであるという。

セクシュアルマイノリティ当事者生徒に接する機会が多かった筆者の経験から言っても、当事者生徒と周囲の生徒とが「性は多様であること」を共有していくためには、学校で特別授業としてのみ扱うのではなく、通常の授業のなかに「多様な性と生」の視点がいつもあることが土台になると思う。日常生活のどの場面、どの授業のなかでも、人は多様な性と生を生きているのだというメッセージを送ることはできる。

（高橋裕子）

保健室でおしゃべりしているかのように

『はなそうよ！恋とエッチ——みつけよう！からだときもち』

すぎむらなおみ＋えすけん著

なんでみんな「名前」つけたがるのかな。性同一性障害とか、同性愛とか…。ほっといてほしいよ。

生活書院、2014年

本書はすぎむらなおみさんをはじめとした8人の養護教諭によって、小中学生から読めるものとしてつくられている。

2部構成になっており、第1部は「からだときもち（基本編）」で、恋愛、身体の悩み、性別、外性器、内性器、二次性徴、月経、射精、妊娠、避妊、人工妊娠中絶、性感染症、性暴力、性の商品化、セックス、家族など、自分の性と向き合う小学生の頃から知っておきたい内容が30項目並んでいる。

見開き1項目で、左にイラストでの解説、右には「おはなし」というそのテーマにそったエッセイが載っている。このエッセイには、それぞれの養護教諭が保健室で出会った子どものこと、保健室や教室での子どもたちの会話、教師たちの会話などが盛り込まれている。その一つひとつがほほえましかったり、子どもの疑問におとなが考えさせられたりと、非常に興味深い。まるで自分も保健室でおしゃべりしているかのように読むことができる。

性の多様性についても、「性別のきまり方」や「からだの性のいろいろ」「いろいろな性」「いろいろなきもち」「いろいろな愛」「かぞく　いろいろなかたち」などの項目があるが、本書の最初の項目が「じぶん、みっけ！―かってに、『名前』をつけないで！」というタイトルになっている。ここは、恋やエッチについて自分が関心あるものを一覧から探し出し、この本のどこから読んだらいいかを見つけられる目次のような内容になっている。

「おはなし」のほうには、「なんでみんな『名前』つけたがるのかな。性同一性障害とか、同性愛とか…。ほっといてほしいよ。」というカリンさんを紹介している。そして最後に、「このあと29回、わたしたちはある状態に『名前』をつけて、『いろいろな人がいて、いろいろな状態がある』ことを説明していきます。『ある特徴に名前をつけて、他と区別する』ことは、説明するのに便利です。でも、しりあったその人とわかりあうためには、『名前』は必ずしも必要ありません。それよりも、その人とたくさんはなしあうことが大事です！」とまとめている。

「この本をつくった理由」に「『セクシュアル・マイノリティ』も『マジョリティ』も、いっしょに読める本がほしい！」と述べられているように、さまざまな性を生きるというところから出発する構成になっているのである。

第2部は、「会いに行ってみよう！（インタビュー編）」として、障害者、性暴力被害者、HIV感染者、同性愛、両性愛、トランスジェンダーの人たち、セックスワーカー、それらを支援する人たちへのインタビューが掲載されている。

先日、性に関するおすすめの本一覧を中学生に配布した。一番前に座っていた男子生徒が真っ先にこの本のタイトルを見つけ、「これおもしろそう！」と言っていた。もしかしたら「エッチ」という言葉に惹《ひ》かれたのかもしれない。その好奇心をきっかけに、楽しく「恋とエッチ」「からだときもち」についてみんなで語り合ってほしい。

（渡辺大輔）

一人ひとりをつなぐ「虹の架け橋」を

『解放教育518号　特集LGBT—多様なセクシュアリティ』
解放教育研究所編

セクシュアリティについて考えるって（中略）LGBT＝マイノリティとされる人のことを考えるんじゃなくて自分自身を問い直すこと。（中略）でも、なかなかそうはならない。

明治図書出版、2011年

『解放教育』になじみがない人は多いだろう。この雑誌は1971年に部落解放をめざし、基本的人権の確立と民主主義の教育の推進の展開のために創設された。2000年代に入り「人権、共生、未来をつくる」を冠にさまざまな人権課題を取り上げるようになったが、某市政のもと解放教育研究所も『解放教育』も2012年3月で終止符を打った。読者層は教育関係者や行政など人権課題が気になる人たちだが、LGBTの特集は後にも先にもこれのみ。眉間《みけん》にシワ寄せて読みがちな雑誌の超ヒット号であった。

「特集の最初に〜いつきとゆかりのつぶやき」から抜粋する。

ゆ：最近LGBTがメディアでもとりあげられ市民権を得たかな〜と思っていたところ、「そういう人に会っても戸惑わない！」発言を耳にして、ものすごい怒りがわいてきて。そういえば『解放教育』でも全面的に取り上げられたこともなかったので、勢いいつきさんに連絡して…。（略）最もマジョリティが問われない領域かなあって。

い：たしかにそう。セクシュアリティについて考えるって（略）LGBT＝マイノリティとされる人のことを考えることじゃなくて自分自身を問い直すこと。（略）でも、なかなかそうはならない。（略）連絡をもらった時、「あ！　ヘテロ[14]の人やシスジェンダー[15]の人にも参加してほしい！」って思ったの。でもそういう人の中で書いたりしゃべったりできる人ってすごく少ない。今回一番悩んだのは、マジョリティの人選だったんだよね（笑）。

特集は、多様な人権課題をセクシュアリティによって深く結びつけることを試みる大胆な企画となった。2部構成で、前半はライフヒストリー、後半は座談会である。

前半は、レズビアン、中国人でゲイ、在日韓国人のMTF、FTM、ストレート[16]などの人が個人的こだわりをもちながら書いている。後半は、ゲイ、自称「FTM？」、元FTM、アメラジアン[17]が登場する。自分のアイデンティティや帰属集団、「枠」は誰がつくるのか、ロールモデルの不在など、マイノリティをつなげるセクシュアリティの視点が語られる。また、問われるべきマジョリティも含め、参加者全員が「自分ごと」としてのセクシュアリティをとらえていく。

前半と後半の間に、香川の自助グループ「プラウド」のアーティスト田中昭全さんの「絵と言葉とぼくのこと。」4頁が挿入されている。「ぼくのこと。」では、当事者のひとりとして「ぼくはこの国で、いつかパートナーと法的に結ばれるために、その法律を必要としている国民のひとりとして、声を出しつづけていこうと思う」と結ぶ。最終頁は「虹の彼方につづく」と題された素敵なイラストが描かれている。

セクシャルマイノリティが生きづらい社会をどのように学びほぐしていくのか、そのためにも、まず、わたしたち一人ひとりをつなぐ「虹の架け橋」ができることを願う特集である。巻末には、「性と生を考える会（奈良）」の中田ひとみさんの協力により『教職員のためのセクシュアル・マイノリティサポートブック』を全面掲載している。教育に関心を寄せる人にはぜひ手にとっていただきたい一冊だ。

（榎井　縁）

裏庭に埋めたい青春の一冊

遠藤まめた

『グミ・チョコレート・パイン　グミ編』『同　チョコレート編』『同　パイン編』
大槻ケンヂ著、角川書店、1993～2003年／角川文庫、1999～2006年

もう解散した（童貞）パンクバンド「銀杏BOYZ」のボーカルは叫んだ。「あいつらが簡単にやっちまう30回のセックスよりも『グミ・チョコレート・パイン』を青春時代に1回読むってことのほうが僕にとっては価値があるのさ」と。私も同じだけの愛情とリスペクトをこめて、10代を生きる人々に、この本を贈りたい。そして、自分の人生のなかでは、この本の存在をそっと「埋めたい」。裏庭かどこかに。だって恥ずかしくて、不毛で、いたたまれないんだもん。読んだらきっと、あんなことやこんなことを思い出して、悶絶《もんぜつ》して、夕暮れの街を走りだしたくなってしまう。青春の一冊とはそのようなものだ。

この本は、好きで好きでたまらない女の子と、きらいできらいでたまらない「オレ」についての描き切った（暗黒の）青春の名作だ。主人公は、大橋賢三。何をするのにも不毛なハイスクール・ライフを送る17歳。休み時間に、クラスの連中がくだらない話をして、どうでもいい言葉を並べ、うるさい笑い声をたてている最中に、心の耳を全力でふさいで、賢三はこう思う。「自分だけは他の連中とは違う何かを持っているんだ」と。

彼には、みんなが知らないマニアックな映画の趣味がある。みんなが知らないサブカルチャーを知っている。しかし実際のところ、彼自身が世界で一番気がついているのだ。「オレ」には何もない、「オレ」は1日3回・365日のオナニーを取ったら何も残らないダメ人間なんだ、

ということを……。

どうしようもない自意識にまみれ、ひたすら射精し続け、現実社会を見ることを恐れる少年は、あるとき、ひそかに心を寄せていた同級生・山口美甘子と名画座ではち合わせる。美甘子は語る。人生は、「グミ・チョコレート・パイン」遊びだと思うの。じゃんけんをして、最初のうちは大差ないと思っていたのが、気がついたら見えないところまで、相手が遠くに行ってしまうことがあることがあるじゃない、と。偶然手に入れた美甘子のブルマーに戸惑い、彼女が繰り出す「グミ・チョコレート・パイン」では大きく引き離され、賢三はやがて、同じくボンクラ野郎である仲間を集めて、ノイズバンドを結成する。引き離された後を追いかける青春は、やはりぱっとせず、息も絶え絶えで、それでも彼らは「何か」を手にしたのだと思う。喪失と引き換えに。

作品は、著者である大槻ケンヂの自伝的小説と言われるが、これは日本中の（もしくは世界中の）青春ボンクラ・ピープルにとっては、胸がかき乱されるような、思い当たるフシのある、大変に身につまされる作品である。主に、青春の不毛さについての、コンプレックスについての、自分自身に対する絶望についての、敗北についての……。

レビューを書いている私は、まさに17歳の頃、この本に出合った。FTMの私は、当時セーラー服で毎日学校に通っており、電車に乗り合わせる白いシャツを着た男子高校生に対して、並々ならぬコンプレックスと殺意を抱いていた。そんななかで、バンドを組み、休み時間に耳をふさいで「江戸川乱歩全集」を読んでいた私は、やはり賢三だった。そういえば、あの頃大好きだった女の子に本書を薦めたが、完結編である「パイン編」が出る前に、彼女は学校を辞めてしまった。切ない、しょっぱい、一瞬だけ甘い、忘れてしまいたい大切な本。

やはり、埋めたい。

セクシュアリティはその人を語る、ほんの一部でしかない

『スパニッシュ・アパートメント』『彼女をみればわかること』

『スパニッシュ・アパートメント』と『彼女を見ればわかること』は、LGBTが主人公の映画ではない。だけど2本とも、LGBTがその物語に必要不可欠なキーパーソンとして登場する。

テンポのよいにぎやかなコメディタッチが好きな人には、ぜひ『スパニッシュ・アパートメント』をおすすめしたい。若いフランス人学生グザヴィエは、就職に有利になると説得されスペイン経済を学ぶため留学する。バルセロナでたどり着いたシェアハウスには、世界の多様な文化や考え方の違い、それぞれの混沌とした人生が詰まっていて、人生が理論的に片づけることのできない、奥深いものであることを知る。最後には、自分の整然とレールのひかれた画一的な人生から、飛び出すことを決意する物語だ。

グザヴィエが大学で知り合う「ちょいワル才女」のイザベルはレズビアン。グザヴィエは、人生観から恋愛観まで彼女からさまざまな刺激を受け、二人は次第に友情を培っていく。イザベルが同性愛者だとわかり同居人が拒絶反応を示す場面も登場するが、主人公のグザヴィエはさすが個人主義のお国・フランス出身者、自分がイザベルの恋愛対象にならないことに少々がっかりする以外は、たいして問題としないところがまたいい。

静かにちょっと謎めいたヒューマンドラマを楽しみたい人には、『彼女を見ればわかること』を。アメリカ・ロサンゼルスで暮らす自立した女性たちが、微妙な接点をもちながら、それぞれに人生の転機を迎えるオムニバスストーリー。５人の女性の５つの物語から構成される。第１話「キーナー医師の場合」の主人公は、完璧を装う心に寂しさを抱えた婦人科医。キーナー医師の密かな悩みをピタリと言い当てる占い師クリスティーンは、女性の恋人をもつ。彼女が主人公となる第4話「おやすみリリー、クリスティーン」は、恋人が死の床に伏すなかで過去の良き日を思い出す、悲しい話だ。

第２話「レベッカへの贈り物」で、有能な美人バンカーマネージャー、レベッカの堕胎手術を担当するのがキーナー医師だ。第１話で見せる心の内側の寂しさや介護疲れの様子を微塵《みじん》も見せない、颯爽《さっそう》と仕事にあたる姿は、別人のようだ。脇役として再度登場することで、その人の内面と他者が見る外側のイメージの両方を映し出すのが、オムニバスストーリーの醍醐味だ。（さくら）

第3章　LGBTとカルチャー

Lovely
Great
Book
Tour

フィクションの世界では多様性こそが最大の創造の源

今以上に性別規範が厳格で、男の子が赤い服を着ただけで「女みたいな格好をして！」と怒鳴られていた1970年代のこと。移住先の米国から帰ったばかりの筆者（原ミナ汰）は、日本語が不自由だけど、英語をしゃべることがばれるといじめられる、という板ばさみ状況に直面しました。その頃の自分にとって、性別違和より、何語でしゃべればいいか、のほうが大問題でした。当時、テレビはすぐに「砂嵐」になるし、コンビニも皆無で、もちろんインターネットもありません。深夜はラジオを聴くか、本を読むか、日記を書くぐらいだったと思います。そんななか、いったん、アートや創作（フィクション）の世界に目を向けると、どうでしょう！　そこでは、多様性こそが最大の創造の源であり、性的マイノリティをはじめ、既成の社会規範に納まりきれない者たちが主役となって輝く回り舞台がありました。

むろん、創作の世界でも、男女の恋愛、結婚、不倫、心中など、異性愛文化の表象が主流でしたが、「出逢いと別離」というテーマは、性別を問わず、豊かに語り継がれています。

日本でも紀貫之の『土佐日記』[*1]に始まり、既存の性別規範を軽々と超えた作品が多く生まれています。また、自身の欲望が誰に向かうかという問いも、物書き

*1　935年頃

にとって重要なテーマです。俳人・松尾芭蕉は『笈《おい》の小文』[*2]や『嵯峨日記』[*3]で同性への熱い気持ちを詠《うた》っています。明治以降では、森鷗外、三島由紀夫をはじめ、多くの（主に男性）作家が「同性への思慕」や「男同士の色恋」を描いています（15頁参照）。宮沢賢治のように、極めてノンセクシュアルな作風であっても『銀河鉄道の夜』[*4]などには、男同士の思慕の情が色濃く反映されています。

第3章では、どちらかというとトランスジェンダーや、女性同士の愛を描いた小説やコミックを中心に、14冊とりあげました。ここに収録したもの以外にも、ぜひ読んでほしい作品をいくつかあげましょう。

性をおおらかに謳いあげた詩集、小説

個人的な一押しは、吉永みち子『繋《つな》がれた夢』[*5]。舞台は大正時代の岩手。鈴をつけた馬を引き、十数キロの道程を練り歩く「チャグチャグ馬こ」の祭りを背景に、馬を愛し、騎手を志した男装の女性を描いた長編小説です。『気がつけば騎手の女房』[*6]で1985年大宅壮一ノンフィクション賞を受賞した作者の、馬に対する深い洞察と、性別違和への温かい眼差しが織り込まれています。当事者の語りがまだ少なかった『3年B組金八先生』以前の時代に、よくこれだけ心情を描き切ったものだ、と驚嘆する一冊です。

海外の作品にもおすすめしたい本が数多くあります。

まず、ウォルト・ホイットマンの詩集『草の葉』[*7]。これは、アメリカ自由詩の生みの親といわれるホイットマンの代表作です。とくに「カラマス（葦）」では、同性愛を含めた性全般をおおらかに、大胆に、そして力強く謳《うた》いあげています。

*2 1709、芭蕉の死後、門人乙州が編集・刊行

*3 1753

*4 1934、賢治の死後、出版／岩波文庫、新潮文庫、角川文庫など

*5 1989、講談社／1992、講談社文庫

*6 1984、草思社／1989、集英社文庫

*7 1855／邦訳は岩波文庫、角川文庫など

ピューリタン的な規範から逸脱した彼の作品は同時代の批評家たちから無視されましたが、1960年代以降、急速に性や人間の解放のシンボル的存在となり、ゲイ解放運動の預言者とまで言われました。

1900年初頭にパリに渡り、後に「パリのアメリカ人」として名を馳せた詩人／小説家ガートルード・スタインの『アリス・B・トクラスの自伝―私がパリで会った天才たち』*[8]は、「妻」であり「右腕」であり片割れであるアリスの口を借りる形で、自分自身について、そしてピカソ、マチス、ヘミングウェイなど、自分たちのサロンに集まった前衛芸術家たちについて語っています。

トーマス・マンの中編『ヴェニスに死す』*[9]は、老境に入った教授の前に現われた美少年をめぐる、片想いの悲哀を描いたものです。この話は、作家の実体験を書いたものと言われ、後にルキノ・ヴィスコンティによって見事に映画化されました。

上流階級の若者の同性愛との葛藤を描いたE・M・フォースター『モーリス』*[10]は、作家の死後ようやく出版された作品です。永遠の若さがほしいあまりに、魂を悪魔に売り渡す『ドリアン・グレイの肖像』*[11]で知られるアイルランド出身のオスカー・ワイルドは、若い恋人の父親に名誉を傷つけられたとして提訴したものの、逆に男色の罪に問われてしまい、2年間牢獄に放り込まれました。『ゲイ短編小説集』*[12]には、これらの作家の短編がいくつか収録されています。

コミック、海外のBL小説、映画

さて、コミックであげておきたいのは、萩尾望都、竹宮惠子とともに24年組と

*8 1933／邦訳1971、筑摩書房

*9 1912／邦訳は岩波文庫、集英社文庫など

*10 1971／邦訳1994、扶桑社エンターテイメント文庫（改訳版）

*11 1891／邦訳は岩波文庫、新潮文庫、光文社古典新訳文庫など

*12 1999、平凡社ライブラリー

呼ばれた山岸凉子の『日出処《ひいづるところ》の天子《てんし》』[*13]です。若き日の聖徳太子をめぐり奇想天外に展開するこの作品は、いま思えばボーイズラブの先駆けですね。

いわゆるBL小説は日本の専売特許、ではありません。実は海外にも人気BL作家は昔からいました。歴史小説が好きな人には、英国ロンドン生まれのメアリー・ルノー（英語読み「レノールト」）の作品をおすすめします。西はエジプトから東はインドまで配下に治めた古代マケドニアのアレクサンドロス大王の生涯と、男同士の絆を官能的に描いた「アレクサンドロス」三部作[*14]がベストセラーとなり、英語圏では歴史小説として高く評価されています。邦訳は第二部のみで『アレクサンドロスと少年バゴアス』[*15]という味気ない題名ですが、著者が精魂込めて書いた古代ギリシャの生活の匂いと肌触りが伝わってきます。

もうひとつ、翻訳家の柿沼瑛子他の編著による『耽美小説・ゲイ文学ブックガイド』[*16]もおすすめです。「ゲイ」と称していても、レズビアン小説もきちんととりあげており、あれもこれも読んでみたい、と読書欲をそそられます。

カルチャーといえば、映画を外すことができません。出雲まろう編の映画案内書『虹の彼方に』（90頁）を参照してください。また、本書の各章末のコラムでも11本の映画を紹介しています。

セクシュアルマイノリティは、いつの時代にもあたり前に生きています。分類やカテゴリーはあとからつけただけ。「多様なものさし」こそが社会を豊かにすることを、身をもって示してくれるこれらの小説やコミック、映画の存在は、限りなく大きいといえるでしょう。

*13 1980～1983、花とゆめコミックス（白泉社）など

*14 "Fire from Heaven（天空からの炎）""The Persian Boy（ペルシャの少年）""Funeral Games（弔い合戦）"

*15 1972／邦訳2005、中央公論新社

*16 1993、白夜書房

日本の〝百合〟文化はここから始まった

『花物語』

吉屋信子著

ふたありはこのヴェールの陰にふたありのみ知る
小さい匂いやかな玉のような世界を、
守り育んでゆくのだった——
『わたしたち……日陰の花なのね……』

現代の〝百合〟[18]好きが『花物語』を読んだら、１００年も前に今の〝百合〟とそっくりなものがすでに書かれていたことに驚くかもしれない。しかも、それを今の80代以上の女性たちがまだ少女だったころ、熱狂して愛読していたとは。

この『花物語』は、花の名前にちなんだ短編52編からなる少女小説集で、１９１６～１９２５年に少女雑誌に掲載され、当時の女学生たちの間で圧倒的な人気を誇った。〝女子ども〟の読み物ということで文壇からはまったく評価されず、戦後には忘れ去られた時代もあったが、２０００年代になって百合ブームが到来し、今再び注目を集めている。

洛陽堂、1920年
国書刊行会、1995年
河出文庫、2009年

そこに描かれているのは、若い女性同士、とくに女学生同士の思慕の情である。当時はこの女学生同士の親密な関係を、sisterhoodの頭文字をとって〝S（エス）〟と呼んだらしい。

初等教育以降は男女がはっきりと分けられ、年齢の近い男性との接点が少なかった当時、女学生同士が特別な関係を結ぶことは珍しくなかった。ただ、それも女学生でいられる間のわずかな時間だけ。卒業と同時に、あるいは在学中にも、親の意向によって男性との結婚が決まれば、離れ離れになってしまうはかない関係であった。

「女三界に家なし」というすごいことわざがあるが、当時は、女は幼いときは親に従い、嫁に行っては夫に従い、老いては子に従わなければならないという時代。当然、男女が平等であるはずがない。そういう時代背景のなかで、『花物語』に登場する女性たちは、お互い対等な視点でものを見、思いやり合う。このような関係性は、今も昔も、男女の間ではなかなか実現することの難しいものだと思う。

実は、作者の吉屋信子自身、女性を愛した人だった。世間の「同性愛は不自然」という視線をものともせず、門馬千代という女性をパートナーとして、一生涯を添い遂げる。そして、無印税出版の約束で出された『屋根裏の二處女』や、個人パンフレット『黒薔薇《くろしょうび》』など、少女小説以外の小規模な媒体では、女性同士の恋愛をはっきりと描いている。そんな彼女も、少女向けの媒体であり、多くの人の目に触れる少女小説では、Sという関係のなかに同性愛的な表現を潜ませざるを得なかったのではないだろうか。

吉屋信子の人気沸騰によって、当時、女学生同士の親密な関係をテーマにした少女小説が大量に書かれ、世に出版された。けれども、時代を超えて読み継がれているのは、結局、吉屋信子だけと言っても過言ではない。それは、彼女が真に女性の強さや優しさ、美しさを愛していたからであり、女同士の親密な関係を体験に基づいてリアルに描くことができたからだろう。

現代の百合モノは、現実から完全にかけ離れたファンタジーの世界を描く傾向にあるようだが、『花物語』はそうではない。夢物語のような設定のなかにも、作者自身の人生ともリンクするリアルな出来事や会話、感情などが、確かに描かれている。だからこそ、「百合モノは苦手」という人にも一読の価値アリ、なのである。（山賀沙耶）

堅さと脆さ

『少年と少女のポルカ』

藤野千夜著

「アコちゃん、口悪い、さすが男子校」

「ううん、私だけ女子の共学」

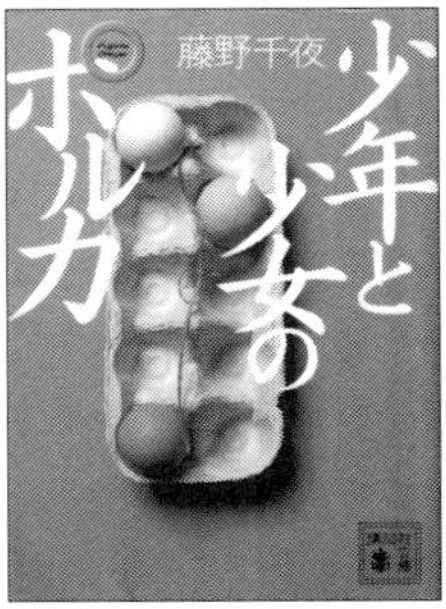

ベネッセコーポレーション、1996年
講談社文庫、2000年

この本を初めて読んだとき、最初に感じたのは「痛い」という感情だった。

この本の登場人物は3人の高校生。リョウのことを好きなトシヒコは、13歳のときに自分が「ホモ」であることで悩まないことに決めた。男子校に通いながらも「男ではない」という一点で最終的に納得するアコことヤマダは「私だけ女子の共学」と言う。電車に乗ろうとすると「全身から血の気が引いて目が開けられなくて身体がぶるぶる震えるの」というミカコ。自身がトランスジェンダーである藤野千夜による小説だ。

文庫本の巻末には斎藤美奈子さんによる解説がある。斎藤さんはこの本を「誰にでも薦めたい青春の書」とし、その理由のひとつに「登場人物たちは自分が自分であることを受け入れている」ことを挙げる。しかし、この本に「痛み」を感じたわたしには、少なくともヤマダが自分を受け入れているとは、どうしても読めなかった。

「性別移行の途中」という経験は過酷である。生得的な性別を周囲に知られながらも、反対のジェンダーを身にまとう。そのギャップは周りの人間に対して、好奇な目で見ることや、からかいやいじめ、さらにはヘイトクライムの対象とすることすら正当化する。できることなら逃げ出したい。しかし「日常を生きる」ことからは逃げられない。悩むのは「自分の身体」のことだけで十分なのに、周囲は「よけいな悩み」を否応なしに押しつけてくる。かろうじて保っているバランスのなかで、ようやく生きることができる。バランスの崩壊は恐怖ですらある。だが、性別移行を前へ進めるためにはそのバランスを崩さなくてはならない。そんな状況で生きているヤマダが「自分を受け入れる」ことができるはずがないと、わたしは感じていた。

その疑問の答えは『ユリイカ』１９９８年２月号（特集「ポリセクシュアル――性とは何か」）に掲載された藤野千夜へのインタビューのなかにあった。「あの登場人物は３人ともがわたしなんです」という一文がそれだった。電車に乗ろうとすると「ブルブル震え」逃げ出してしまいたい気持ちをミカコにアウトソーシングし、「悩まない」ことをトシヒコにアウトソーシングしたあとに残ったのがヤマダなのかもしれない。ヤマダは「男子校（シスジェンダー社会）」でたったひとり生きる「女子（トランスジェンダー）」なのである。泣くことも笑うことも怒ることもやめ、自分の感性をフリーズドライしなくては生きていけない性別移行の途中のヤマダに、わたしは「痛さ」を感じていた。と同時に、「フリーズドライ」せずにすむトシヒコやミカコに嫉妬すら感じていた。

手元にある文庫本の奥付には「２０００年３月１日第１刷発行」とある。２０００年は、まさにわたしが性別移行を始めた年だった。当時のわたしは、トランス女性[19]であるヤマダに自分を重ねあわせながら読んでいたのだ。

あれから15年、あのときの「痛み」は今も「かさぶた」としてわたしの心に残っている。そしてその「かさぶた」は消してはならないと思う。自分のなかの「一番堅くて一番脆《もろ》いところ」を見つめさせてくれる、そんな書である。

（土肥いつき）

容赦なく「揺さぶられる」感覚を求めて

『花伽藍』
中山可穂著

伊都子が一から十まで
ゆき乃を必要としなければならなくなったことは、
ゆき乃に大きな使命感と喜びを与えた。

新潮社、2002年
新潮文庫、2004年
角川文庫、2010年

1987年、松浦理英子が『ナチュラル・ウーマン』を発表し、後に映画化された。レズビアンの間では静かに話題となっていた。それから数年後の1993年、中山可穂の『猫背の王子』が刊行された。どちらかと言うと「通好み」の松浦理英子と対照的でもあった。

中山可穂の小説を読んでいると私小説なのだろうかと、つい深読みをしてしまう。ご本人はそうではないと、どこかのあとがきで語っていたが、それでも自己を投影している部分は少なからずあるのだろうと思う。胸元に切り込んでくるような女同士の人間模様や恋愛と性愛の関係性を潔く描く著作は、正直な話、当時の私には少々ついていけないところがあり、積極的に作品を読んでいたわけではなかった。そんな折、米国人の友人が、中山可穂の作品を英訳して米国で発表したいと言う。それが『花伽藍』であった。英米文学の専門家であった友人は手放しで中山可穂の著作を評価していた。私は作者と出版社に英訳の許可を取る手伝いを行うことになり、これがきっかけで『花伽藍』を初めて、じっくりと読んでみたのである。

2002年2月に新潮社から発行された『花伽藍』は第127回直木賞の候補作品でもあった。2000年から2001年に発表された短編5編が綴られている。一編一編に込められた深い描写に、私はすっかり「揺さぶられた」。次の短編に読み進むとき、気持ちの切り替え作業に時間を割く必要もなく、一気に読んでしまっていた。出会いと別れ、むき出しの欲望や衝動、刹那《せつな》的な一コマ、そして人生の最期まで何が起こっても同性同士で連れ添う関係性を躊躇《ためら》うことなく貫き通すといった、どれも潔いままに描き切っていることに、どうにも「揺さぶられた」のである。

私は過去に年老いた養母の介護を担っていた。大好きな養母であったが寝たきり状態に加え言語障がいもあり、意思の疎通が図れないという状況は、かなりしんどいものであった。介護疲れに陥ると自分の愚かで弱い部分があっさりと顔を出し、養母と自分の人生を自らの手で終わりにしたいと何度も考えていた。ほぼ一人で行っていた24時間続く介護には限界があった。養母は特別養護老人ホームに入所し数年後に亡くなった。愛する大事な人、という綺麗《きれい》ごとだけでは決してやり通せない介護の現実は今でも身に染みついており、思いだすたびに胸がざわついたりもする。

現在私には二十数年来の同性パートナーがいる。中高年の「高」の世代に近づくにつれ、互いの老後のことが頭をよぎる。どちらかに認知症が発症したり、あるいは寝たきりになったら自分たちの老老介護は成立するのだろうかなどと不安は尽きない。

『花伽藍』のなかの「燦雨《さんう》」はレズビアンカップルの老後から最期までの話である。もちろん、これは小説だということはわかってはいるが、つい自分たちと重ねてしまう。経験上、介護は思いだけでは貫けないことも重々承知しているはずなのに、「揺さぶられた」がために、私の抱く終焉《しゅうえん》の理想、そして希望になっているのだ。パートナーとの関係性がマンネリ化したり、見直してみたいときにこの本をおすすめしたい。

（大江千束）

息もつかせぬレズビアン・ラブロマンス・ミステリー

『荊の城』

サラ・ウォーターズ著／中村有希訳

「教えてほしいの。結婚した夜に花嫁のすることを！」あたしは真っ赤になった。たぶんモードも。真っ暗で見えなかったけれども。

創元推理文庫、2004年

レズビアンを主人公とした小説といえば、甘く切ない百合小説や、少し重めの恋愛小説などが多い。ところが、サラ・ウォーターズの『荊の城』は、息もつかせぬ重厚なミステリーと、女性同士の極上の恋愛物語の両方を存分に味わわせてくれる、希少な作品である。

舞台は19世紀半ば、ヴィクトリア朝時代のイギリス。ロンドンの下町で暮らすスリ（原題の"Fingersmith"とはスリのこと）の娘・スウは、顔見知りの詐欺師〝紳士〟から、ある金儲けの計画を持ちかけられる。それは、マーロウという辺鄙《へんぴ》な村にあるブライア城（〝荊の城〟の意味）に住む令嬢・モードの侍女になり、彼の結婚詐欺を手助けしてくれないか、というものだった――。その先は、どんでん返しに次ぐどんでん返しの起こる、波乱万丈の冒険ストーリーが展開される。

この作品、CWAというイギリスの文学賞の、優れた歴史ミステリーに与えられるヒストリカル・ダガー賞を受賞したり、日本では「このミステリーがすごい！2005年版」海外編ベスト10の第1位に選出されたりするほど、ミステリーとして高い評価を得ている。一方で、ヴィクトリア朝時代の英国における、女性同士の大恋愛の物語としても読むことができるのだ。

ブライア城で侍女として働くことになったスウは、令嬢・モードに請われて同じベッドで眠るほど、親しく接することになる。そうして毎日身辺の世話をしたり、一緒に散歩をしたり、ともに眠ったりするうちに、スウとモードはお互いに惹《ひ》かれ合っていく。二人の関係がどうなっていくのかがこの物語のひとつの見どころとなっているわけだが、その結末は読んでのお楽しみ。物語の最終盤、とどめとばかりに、最高に甘く美しい表現をもってくるあたり、さすがウォーターズ、ということだけをここに記しておく。

この物語を面白く読める仕掛けのひとつが、3部構成のうち、第1部はスウの語り、第2部はモードの語りとなっていて、同じ出来事をスウとモード双方の視点から読み返すことができる点。だまし合いながらも惹かれ合う、二人の微妙な駆け引きの心理を楽しめることも、この作品を魅力的なものにしている。

また、同性愛を描いた作品として見たときに特徴的なのが、彼女たち二人が女性同士で愛し合うことに対して、何らためらいや違和感を抱いていないことだ。作中にも、スウの一人称の語りで「あたしの考えでは、女主人と侍女が、女中同士のようにひとつのベッドで寄り添って寝るのは、ごく当たり前のことだった」とある。近代日本の女学生同士の〝S（エス）〟のように、ヴィクトリア朝時代の英国では、令嬢と侍女や女中同士など、女性同士がごく近い距離感でつきあうことは一般的なことだったのかもしれない。

さまざまな読み方ができるこの小説、セクシュアリティに関係なく面白いミステリーを読みたい人、女性同士の極上のラブストーリーを楽しみたい人、近世のイギリスの雰囲気を味わいたい人、冒険モノでハラハラドキドキしたい人、異性愛規範のあからさまな小説にうんざりしている人など、あらゆる人におすすめできる作品だ。

（山賀沙耶）

私たちは生きるために「果ての家」をみつける

『この世の果ての家』
マイケル・カニンガム著／飛田野裕子訳

ぼくは満たされない思いのまま死にはしない。なぜなら、ぼくはずっとここにいたから。ほかのどこでもないここに。

角川書店、1992年
角川文庫、2003年

自分というものがわからない、居場所がない、と感じている人は実は多いのではないだろうか。この小説は、そういった説明の難しい不安感を言葉にしてくれる。

作者本人の脚本で映画化もされたこの物語は、作者と題名から予想される〝性を超えた新しい家族の形成の物語〟ではない。語られているのは、誰もが感じているであろう「現実を生きていく難しさ」であり、またその可能性だ。

２人の男と１人の女、ジョナサンとボビーとクレアの３人はかけがえのない愛で結ばれ、後に誕生するクレアの子を三人三様の真剣さで見守っていく。物語は、この３人にジョナサンの母アリスを加えた４人のモノローグによって語られる。

少年の頃、憧れの対象だった兄を失い、両親をも次々と亡くしたボビー。兄の死の時から自分の時も止めてしまった彼は、良くも悪くも無垢《むく》な存在だ。そんなボビーと友情を結ぶ日のことを「ふっくらと濃密な雲をそここに浮かべた淡青色の円天井から秋の光がふり注いでいた」とジョナサンは表現する。秋の光の中で愛を分かち合った二人は、「自我という混沌」から抜け出てそれぞれの現実に目覚める。

成長した彼らが再会したとき、都会に住むジョナサンは女性クレアと性関係をもたずに同棲し男漁《あさ》りに明け暮れる生活を送っていた。居場所を失ったボビーが彼らのアパートメントにやってきたときから、ジョナサンを愛しながらクレアと性関係を結ぶボビーを中心に3人の関係が始まる。

ジョナサンは母の過剰な愛に苦しめられ、ボビーは幼くして家族全員を亡くし、クレアは父と夫に去られた経験をもつ。それらの過去が、ジョナサンがゲイになり、ボビーが非現実的な世界をさ迷い続け、クレアが結婚しない理由だろうか。もちろん否だ。大なり小なり誰もが人生のなかで直面してしまう闇、避けえない苦痛……そういったことを否応なく経験するのが〝普通の〟人生なのだ、と納得することは難しい。

「お願いだから、お母さんを嫌いにならないで。なにもお母さんをあなたの人生から締め出さなくても、あなたはなんでも好きなようにできるじゃないの」と訴えるアリスは、自分が結婚に苦しめられ息子に救いを求めていることを知っている。息子もまた、そんな母が自分の苦しみの源であることを知っていて「母さんはここにある空気を全部ひとりで吸っちゃうんだ」と叫ぶのだ。空気を吸い取っている、と言われた母親は、いったいどうしたらいいのだろう。

自分がこの世界にいることを違和感なく受け入れることが、なぜこんなにも困難なのかを問い続けるよりは、こんなに苦しいのは自分が人と異なるからだ、と思うほうがむしろたやすいかもしれない。

子のために彼らはウッドストックの近くに「この世の果ての家」を手に入れる。ボビーが兄から聞かされていた「愛と平和の祭典ウッドストック」は、そこに参加したクレアに言わせれば「汚らしくて人がいっぱい」の「たかがコンサート」に過ぎなかった。かつての「愛と平和」の地に、生を現実化させる希望の場を彼らはつくることができるのか。結論を見ないままこの物語は終わる。

（深見　史）

自身と向き合いながら性別を「放浪」する

『放浪息子』
志村貴子著

『オッパイをとったカレシ。』
芹沢由紀子著

「高槻さんは男に間違われるために男物の服を着るの？だとしたらそれってただの変装ね」
（『放浪息子』より）

右に引用したのは、『放浪息子』のなかの言葉だ。千葉さおりのその言葉に、男の子になりたい女の子である高槻よしのはたじろいだ。そして彼女と同じく動揺したのが、男子時代の私だった。当時私はこの作品に感化され、女の子の服を着て友達と遊びにいくことを繰り返していたのだが、徐々に自分が本当に女の子に見えるかばかりが気になって、尻込みしてしまうことがあり、「私はなんで女の子の服が着たいんだっけ」という自問を繰り返していた。

　そのとき私にヒントを与えたのが、女の子になりたい男の子、二鳥修一だった。「着たい服を着る」という高槻よしのとの約束を自然体で実践する彼の姿から、私は

エンターブレイン、2003年～

講談社、2002年

女の子の服を着ることの意味を見つけた。

生活するなかで、息をするように無意識下で選び取っていくものがある。たとえばしぐさや口調、読む本や見るアニメ。私の場合、その延長に女の子の服があるのではないかと、そう思った。女の子になりたいからでも、女の子に見られたいからでもない。無邪気にスカートをはいて家族の前で踊っていた、幼い頃の私と本質は同じだった。「ありのまま」の姿を見せたいのではなくて、「あたりまえ」のことがしたいだけ。私が「あたりまえ」に自分であるために、それは必要な要素だったのである。

「着たい服を着よう」。その約束を通して、自身と向き合いながら性別を「放浪」する登場人物の姿は、さまざまな命題を私たちに投げかける。当事者は、女性装／男性装をする意味だけでなく、自身のセクシュアリティと向き合うきっかけやそれについて考えるヒントを、そこから得るにちがいない。（ゆいこ）

＊　＊　＊　＊

『オッパイをとったカレシ。』は、性同一性障害の主人公が、自分が自分として生きていくための過程を描いた作品である。

幼い頃から自分が生まれ持った性別に違和感をもつ主人公は、乳房切除手術を受けるために高校時代からお金を貯め、高校卒業と同時に上京する。上京してからはオナベバー[20]で働き、自分と同じ性同一性障害で女性から男性に社会的に性別を変えて働いている仲間と出会う。

主人公の葛藤や思いなど、自分と重なる部分が多々ある作品で、思春期の私にとっては指標となる作品である。

SRS（性別適合手術）まではせず、タイトルどおり「オッパイをとった」ところで物語が終わるというところも当時の私にとっては衝撃的だった。性同一性障害の主人公が自らの心の性で生きていく、というとだいたいの結末は性別適合手術をし（この場合は）男性としての人生を歩いていくというものである。だが、すべての人がそれを望んでいるわけではない。自分が、自分として生きていくためにはどうすればいいのか。乳房切除手術、ホルモン剤投与、性別適合手術……。たくさんの選択肢があるなかで、こうあるべきだ、というものはない。自分が自分らしく、生きやすく生きていけるための治療をする。それを教えてくれた一冊だった。（堀川ユウキ）

ゲイの性欲ならぬ食欲を描いた唯一無二のコミックス

『きのう何食べた？』

よしながふみ著

「仕事で案件をひとつキレイに落着させたくらいの充実感を一日に一回も味わえるなんて夕飯作りって偉大だよ」

講談社、2007年～

同性愛者（ゲイ・レズビアン）は一般的に「性的指向が同性に向かう人」などと定義され、男とセックスする男、女とセックスする女というように、性的要素を含んだものとしてイメージされることがほとんどだ。レズビアンといえばポルノグラフィを想像する人は多いだろうし、ゲイを扱った創作物といえば、やおい[21]やボーイズラブ（88頁参照）といったものが世にあふれている。

さて、本書は、弁護士の筧史朗（通称シロさん、43歳）と美容師の矢吹賢二（通称ケンジ、41歳）という同棲3年目のゲイカップルの、何気ない日常を描いた漫画だ。この作品の、いわゆる〝ゲイもの〟としての最も大きな特徴は、性的な描写がまったく出てこないということだろう。性欲の代わりに出てくるのは、食欲だ。毎日のご飯をつくるシーン（それはもうレシピ本さながらに事細かに）や、そのご飯を二人で美味しそうに食べるシーン。彼らは、ときには「コンビニのアイスにお金を使うかどうか」とか、「周囲にゲイだってバレるのが嫌かどうか」とか、「ゲイの友達と二人で会ってもいいかどうか」とかいった問題でぶつかることもある。けれど、結局は相手を思いやって丁寧にご飯をつくり、一緒に美味しく食べることで仲直りしていく。

この同棲3年目、40代前半という設定が、実に絶妙だ。一般的に、恋愛感情の賞味期限は3年などと言われる。同棲3年目に入った彼らは、もはや「この人が運命の人だ！」などと思い詰めてはいない。シロさんが「次の恋愛をするのが面倒だから絶対に別れない」と言うように、一緒にいたいからつきあっているというよりも、別れないほうが楽だから一緒にいる、というような関係である（ケンジのほうには異論があるかもしれないが）。

また、40代前半というと、もはや体力もルックスも下り坂。世間ではすでに結婚して家庭を築いていて当たり前という目で見られ、同年代の男たちは太ったりはげたりしても気にしていない。さらに、物語中で彼らも着実に年齢を重ね、職場では責任ある立場に就くことを求められ、親は病気がちになり、シロさんの老眼は進行し、ケンジの毛髪は薄くなっていく。ありていに言えば、ここに描かれているのは、ラブラブの時期を過ぎてしまった中年のゲイカップルの、なんてことのない（ただしちょっとおしゃれな）日常である。そこには、燃えるような恋愛や、刺激的なセックスは存在しない。かといって、結婚という契約関係もない。そんな二人だからこそ、何気ない日常の大切さが浮き彫りになってくる。

日々の暮らしのなかで、彼らはさまざまな問題に直面する。結婚や子育てといった世間一般のレールに乗れないことへの苦悩、パートナーとの関係の保証のなさ、老後への不安……。けれど、どんな問題にぶつかったとしても、頭を抱えていたところでしかたがない。お互いのことを思いやりながら、ご飯をつくって食べ、家事をし、生活を快適に保つ。そうやって、一日一日を大切に積み重ねていくことでしか、前に進むことはできないのだ。

そんなことに気づかせてくれる本書は、年を取った姿を想像しにくく、未来に不安を抱きがちな私たちに、ひとつのロールモデルを提示してくれる。

（山賀沙耶）

恋をしたら、きっと終わってしまう

『青い花』
志村貴子著

『オハナホロホロ』
鳥野しの著

だいじなのは　臆さないこと　卑屈にならないこと
きちんと気持ちを伝えること。

（『青い花』より）

人を好きになるのは簡単なのに、恋は、なんでこんなに難しいんだろう。

誰かと出会って、言葉を交わす。笑うときの感じや、声にドキッとする。仲良くなるにつれて、相手がどんな人かわかるようになる。きょうだいはいるのか、イヌとネコだったらどっちが好きなのか、何がうれしくて、どんなことが悲しいのか。帰り道で、喫茶店のテーブルごしで、電車の中で、ケータイのあちらとこちらで、積み重ねていった言葉で、あたまの中はいっぱいになる。そして、そうやって〝友達〟になれても、足りなくて、満たされなくて、また会いたくて、もっと知りたくて……以下略。それが恋だ。

太田出版、2005年〜

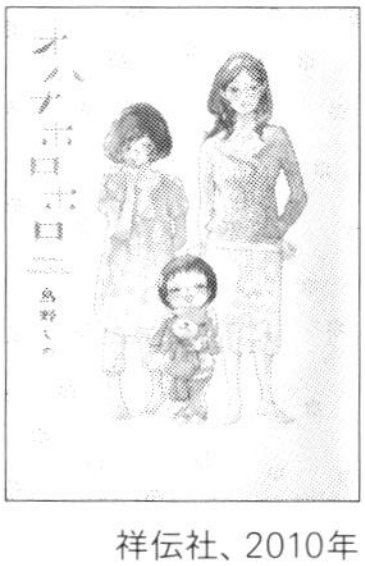

祥伝社、2010年

「ずっと一緒にいたい」と思うのに、「ずっと一緒にいたい」と思う気持ちのせいで、それがかなわなくなってしまうかもしれない。恋が失敗してしまったら、もう友達には戻れない。友達でい続けたほうがいいのか、それとも、恋に踏み出したほうがいいのか——。これは、恋をする限りは一生続く、究極の選択なんだろう。ああ、切ない。でも、やめられないんだよね。

この「恋と友情のきわどさ問題」を扱った作品として、おすすめしたい2作品がこちら。

『青い花』は、鎌倉の女子校を舞台とした少女たちの青春ストーリー。主人公・ふみちゃんは背が大きくて、めがねをかけた地味系美少女。すぐに泣く。臆病だけれど、意外とエッチで、怒るときはきちんと怒る。ふみちゃんは、恋を知っている。一方で、幼なじみのあーちゃんは元気いっぱいの少女で、恋がわからない。「好きな人には、触れたい。キスがしたいし、抱きしめたいと思う」というふみちゃんの好きと、あーちゃんの好きは、どうやら違うようなのだが、さぁ、どうする。

一方で、『オハナホロホロ』は、主人公の麻耶ちゃんとみちる、みちるの連れ子ゆうたによる日常を描く。麻耶ちゃんは、みちると学生時代につきあっていたが、突然みちるが失踪したことによる失恋を経験している。数年後二人が再会したときには、みちるはシングルマザーだった。二人は互いにほのかな好意があっても、麻耶ちゃんは恋に踏み出すことができない。女二人でゆうたを育てることが、世間からの差別や偏見に子どもを曝《さら》しかねないからだ。

愛が世界のすべてならば、相手を大切に思うことだけが至上価値ならば、どうして恋は世界に生まれたんだろうか。楽しくおしゃべりする以上を求めてしまうのは、なぜなんだろう。誰かとセックスがしたいということや独占欲は、少なからずお互いにとってグロテスクで、セクシュアリティは容易に自分や好きな人の安全を脅かしてしまう。

たしかに、恋をしたら、いつか終わってしまうかもしれない。終わらないかもしれない。先のことはわからないことだらけだ。でも、両作品は恋に加担する。『青い花』でふみちゃんが言うせりふが、きっとすべてなんだろう。「だいじなのは　隠さないこと　卑屈にならないこときちんと気持ちを伝えること」

真摯《しんし》であれば、帰っていく場所は、きっとある。

（遠藤まめた）

の作品としては、江戸時代に数多くの「衆道物語」が書かれたが、「男色山路露」が『秘本江戸文学選』（日輪閣）に入っているくらいで、手軽に読める形にはなっていない。

L（レズビアン）的な要素をもつ古典作品は極めて少ない。女性同士の性愛は実態としては存在したはずなのだが、前近代の日本では概念化されていなかったことの影響だろう。「我身にたどる姫君」（鎌倉時代中期、1259～1278年頃）第6巻は、主人公「前斎宮」（嵯峨院上皇の娘）が周囲の女性たちと次々に関係をもつストーリー。ただ、テキストが徳満澄雄『我身にたどる姫君物語全註解』（有精堂）しかなく、大学図書館などで見るしかない。

B（バイセクシュアル）的なものをテーマにした古典作品は思いつかない。女色と男色が、現代の異性愛と同性愛のように固定されず、どちらに行くかに社会的制約がなかった時代には、両性愛的な悩みは生じようがない。井原西鶴『好色一代男』（江戸時代前期、1682年）に、主人公世之介が生涯に交わった人数として「たはふれし女三千七百四十二人。小人（少年）のもてあそび七百二十五人」と記されていることをあげれば、十分だろう。

T（トランスジェンダー）的な古典文学作品としては、関白左大臣の子どもで、姫君として育てられた男子と若君として育てられた女子を主人公とする「とりかへばや物語」（平安時代末期、12世紀中頃？）がある。テキストはいくつかあるが、桑原博史『とりかへばや物語 全訳注』1～4（講談社学術文庫）が原文と現代語訳を併記していて読みやすいだろう。また河合隼雄『とりかへばや、男と女』（新潮社）などの分析・解説書や氷室冴子『ざ・ちぇんじ！』（集英社）のような翻案小説もある。

LGBTという外来の概念にいたずらに飛びつくのではなく、私たちの文化が1000年近くも前から男色や性別越境を主題にした作品をもっていることを振り返り、その意味をしっかり認識してほしいと思う。

日本の古典に見るLGBT

三橋 順子

LGBTは古典のなかにはいない。

性的指向や性自認のあり方が非典型な人は、人類のどの時代、どの地域にも普遍的に存在したと思われる。しかし、そうした人たちをどのように認識し、社会のなかに位置づけるかは「文化」の問題であって、社会によって扱いは大きく異なる。たとえば、ユダヤ・キリスト教社会では同性愛や異性装を厳しく禁じていたが、前近代の日本の宗教（神道・仏教）には、同性間の性愛や女装・男装を禁じる規範がなかった。つまり、キリスト教社会を基盤とした欧米文化の所産であるLGBT概念を、前近代の日本に遡及させようとすること自体が社会・文化論的に大きな勘違いなのだ。

それで終えてしまっては、あまりにも身も蓋《ふた》もないので、もう少し記そう。

まずG（ゲイ）だが、前近代の日本では、現代の東京新宿二丁目「ゲイタウン」などに見られる大人の男性同士の性愛は、平安時代後期の最上流貴族藤原頼長のように個人の欲望としてはあっても、社会システムとしては存在しなかった（三橋順子「『台記』に見る藤原頼長のセクシュアリティの再検討」『日記・古記録の世界』思文閣出版）。つまり、男性同性愛＝「男色」ではない。

前近代日本の「男色」文化は、ほとんどすべて年齢階梯制を伴う。それは、能動の側としての年長者と受動の側としての年少者という役割が厳格に決められている男色の形態で、さらにジェンダー転換（女装）を伴うものと、伴わないものがあった。中世寺院社会の僧侶と女装の稚児《ちご》の関係や、江戸時代の「陰間《かげま》」などは前者の例であり、戦国〜江戸時代の武士階層の「衆道《しゅどう》」は後者である。

前者の作品としては、鎌倉〜室町時代に数多くつくられた「稚児物語」がある。読みやすいものは少ないが、『続日本絵巻大成』（中央公論社）に入っている「芦引絵《あしびきえ》」（室町時代）は美少年と僧侶の純愛物語である。一方、「稚児草子」（鎌倉時代）は僧侶と稚児の性愛をリアルに描いている。醍醐寺三宝院の秘蔵だが、堂本正樹「『稚児之草子』本文紹介」（『夜想』15、ペヨトル工房）で読める。後者

ムーミン谷からのメッセージ

『ふしぎなごっこ遊び』（ムーミン・コミックス第12巻）
トーベ・ヤンソン+ラルズ・ヤンソン著／冨原眞弓訳

『ムーミンの生みの親、トーベ・ヤンソン』

トゥーラ・カルヤライネン著／セルボ貴子+五十嵐淳訳

「いちいち深刻に考えすぎね。イヌだのネコだのって…。なにかがすきって気持ちこそたいせつなのに」

（『ふしぎなごっこ遊び』より）


犬は猫が好きだった。そのことは、犬にとっては大きな悩みのタネだった。

「イヌのくせに、ネコがすきなんてさ…」

人生に絶望し、恥ずかしさのあまり、とうとう顔にマスクをかぶる犬に、ムーミンママがつぶやく。

「イヌだのネコだのって…。なにかがすきって気持ちこそたいせつなのに」

これは、『ふしぎなごっこ遊び』に出てくる場面のひとつだ。物語の作者であるトーベ・ヤンソンはバイセクシュアルで、男性に惹かれたこともあれば、女性に恋をしたこともあった。猫が好きな犬のエピソードは、同性愛をモチーフにしたものとして読むことができる。

河出書房新社、2014年

筑摩書房、2001年

トーベは、1914年にフィンランドに生まれた。今では母国の代表的な作家のひとりとして知られる彼女は、芸術一家の愛娘として、幼い頃から才能を発揮してきた。トーベにとって、世界はいつもワクワクしたものに満ちていたが、彼女が生きた時代は社会の闇も深かった。

ナチス・ドイツが猛威をふるい、戦争が人々を引き裂く時代が来ると、彼女はヒトラーの風刺画を描いた。同性愛が「犯罪」とみなされた時代でも、彼女は愛する人との素晴らしい時間をそのままに迎え入れた。その成果はムーミン作品に反映されている。ムーミン谷のスナフキンやトゥーティッキ（おしゃまさん）は、彼女が愛した実在の男性や女性をモデルとしている。

バイセクシュアルであることを隠さなかったのは勇気があったからというよりも、彼女にとって、あふれ出るすべての感情が自然だったからなのだろう。トーベが生涯を通じて描き続けたのは自画像だった。表現者として「私はいったい何者なのか、どのような存在なのか」ということを、彼女は何度も確認せずにはいられなかった。少数派や多数派といった数の問題は、彼女にとっては本質的なことではなかった。それよりも、気負わず自由に生きることのほうが、ずっと大切なことだった。

ムーミン作品のなかには、ミステリアスなキャラクターが多い。ヘムルの一族は、男性でもスカートをはく。ムーミンパパとママの違いは、シルクハットとエプロンだけ。全体的に性別のわからないキャラクターが多い。そんなムーミンの作品には、今も昔も、子どもたちから、たくさんの質問が寄せられる。「このキャラクターの性別はなんですか？」と。そんなとき、プロダクションのスタッフは、このように返すそうだ。「そういう型にはまったことは重要ではありません。大切なのは、ひとりぼっちの小さな生き物がいないかどうか、ということです」と。

ムーミン谷の生き物たちの振る舞いや個性は、それぞれ尊重されている。愛らしい者も、ひねくれ者も、みんなが夢中になって暮らしている。人間社会も同じようであってほしい。LGBTというカテゴライズや線引きは、多様性を理解するために便利ではある。しかし、本当に大切なことはシンプルだ。人が、その人のままでいられるかどうか、ひとりぼっちでいないかどうか。トーベ作品から私たちが学ぶことはたくさんある。

（遠藤まめた）

ボーイズラブが変えていく未来

『BL進化論―ボーイズラブが社会を動かす』

溝口彰子著

BLが、近年、変化している。そのBLの変化が、社会を少しずつ変えているのかもしれない、といったら、驚かれるだろうか。

「あなたたちは女同士でつきあってるのに、なんで男同士の恋愛（BL）が好きなの？」と、パートナーの母に言われたことがある。パートナーならともかく、その母がなぜ私の趣味を知っているのか。読書が趣味の文学系な女性として猫を被っていたかったのに、ぺろっと剥がされた気持ちである。レズビアンのなかにもBLを好む人たちはいる。体感だが、ヘテロ女性と同じくらいの割合で存在しているのではないだろうか。この本の著者も、レズビアンである。

まずは、「BL」というものを知らない方に。BLとは、「ボーイズラブ」の略称で、基本的に女性作家が女性読者向けに書いた、男性同士の恋愛ものの小説・漫画等の

太田出版、2015年

総称である。ここで紹介する『BL進化論』は、日本におけるBLの歴史から、その進化について解説した本である。

90年代のBL作品には、女性を嫉妬深く計算高い醜い存在で男性の引き立て役としてのみ描くミソジニー（女性蔑視）や、登場人物の「俺はゲイではない。男が好きなのではなく、お前が好きなのだ（ゲイは男性なら誰でも性愛対象とする存在であると暗に伝える）」というホモフォビア（同性愛嫌悪）を内包した作品が多かった。

しかしゲイ当事者による「BLはゲイ差別だ」という問題提起、女性からの「BLは女性性からの逃避」との論争を経て、BLの作者、読者が社会のなかでの女性の扱われ方やゲイ目線を気にするようになり、徐々にフェミニズムの思想や、ゲイとして生きていくうえの苦悩や葛藤、カミングアウトを含んだ周囲とのかかわりを取り入れた作品が増えてきた。本書では、それらの歴史や、BLを通しての女性同士の交流から生まれるBLの進化について、実際のBL作品を多数紹介しながら解説している。

私は、この本を自分とパートナーのケースに引きつけて読んだ。私は78年生まれ、思春期にBLを読むなかで、同性同士の恋愛の可能性について気づかされたが、同時にBLに含まれるホモフォビアに傷つくこともあった。また、近年のBLでは同性を好きになる葛藤とその思いの成就に気持ちを重ね、自分を癒してきた。パートナーは87年生まれ、「思春期にBLを読んできたので、自分が同性愛者だと気づいたときにも嫌悪感等はなかった」と言っている。

個人差によるものも大きいとは思うが、同じBL好きでも10年でこの違いがある。BLに救われた女性同性愛者もいれば、BLのおかげでホモフォビアを内包せず、苦しまずに大人になれた女性同性愛者もいる。そして、BLを読むことでホモフォビアから解放されるヘテロ女性もいるはずだ。ホモフォビアを内包する作品がなくなったとは言えないが、この本に書かれるように、近年の人気作にはその要素は少ない傾向にある。

創作物のもつ影響力は、決して小さくはない。BLという同性愛者にとって近くて遠い文化について知ってみたい方は、この書籍に触れてみてほしい。もちろんBLをすでに愛好している方たちにとっても、その進化を知ることは知的好奇心を満たすことだろう。（佐々木美宇）

もう一度観てみたい気にさせられる

『虹の彼方に―レズビアン・ゲイ・クィア映画を読む』

出雲まろう編著

レズビアン・ゲイ・クィア・イメージは、もはや映画作品において隠された存在ではなくなっていった。

私は、俗に言うLGBT映画を長編・短編あわせて3本撮ってきた。しかし、過去のLGBT映画をそれほど多く観てきたというわけではない。その点で、この本に出合えたことは非常にラッキーである。

この本は、1982～2004年までの58本の作品について、映画評論家、クィア・スタディーズ[22]やジェンダー研究の専門家、さらには当事者の方々がいろいろな角度から紹介をしている。年代順に4つの章によって構成がされており、時代の変化と作品の特徴を感じることもできるだろう。

作品紹介だけにとどまらず、LGBT・クィアに対して、その国の当時の社会的情勢やLGBTに対する社会的認知の状況などを織り交ぜながら、非常に深くまで考察しているのでとても興味深く、勉強にもなった。一度

パンドラ、2005年

観た作品に関しても、こういうメッセージが込められていたのか、と気づかされることも多く、この本を読むことで、もう一度観ようと思う作品が多々あった。

映画を観ることで、今、自分がいる環境とはまったく違った世界を疑似体験できると思う。それが映画の最高なところだと私自身思っているが、とくにLGBT映画に関して、さまざまな国や時代の作品を観ることで、「ひとりじゃない」という気持ちにさせてくれるのではないだろうか。

話は変わるが、この2、3年で、日本のLGBTに対する認知度は歴史的に変動していると感じている。とくに2015年は、日々、メディアやニュースで「LGBT」というワードを目にした。これは、日本映画界にもきっと影響があると感じており、今後たくさんの傑作が生まれるだろう。

私自身は2014年に『カミングアウト』という長編作品を脚本・監督した。社会的に話題にされることが多く、幸いなことに上映が終わった今も、行政機関や民間団体の自主上映という形でさまざまな方々に観てもらっている。

ちなみに私は異性愛者である。周りからは、なぜ当事者ではないのに、1年も取材をして脚本を書いてつくったのかとよく聞かれる。もともとLGBTをテーマとした作品をつくろうと思ったわけではなく、「自分自身と向き合うこと」を描こうと思い、行き着いたのが同性愛者のカミングアウトだった。これがまず1つ目のテーマ。また、取材をするなかでいかに自分を含めた周りの人たちがLGBTについて知識が乏しいか、いかにステレオタイプなものの見方をしているかを目の当たりにした。

それ故に2つ目のテーマとして「まずは知ること」を掲げて、やや教育的な要素もいれた作風にした。もちろん技術的にも多々未熟な部分があるのだが、そのわかりやすさが功を奏したのか、広く観ていただける機会を得た。

この『虹の彼方に』を読んで改めて思ったのは、一見LGBTをテーマにしているように思える作品でも、実際、本質的にはもっと普遍的なメッセージを訴えかけようとしている作品がたくさんあるということだ。そういった意味でも、今後どんなLGBT映画が生まれてくるのかな期待せずにはいられない。と同時に、私自身もまた、LGBT映画をつくりたいという衝動に駆られている。

（犬童一利）

お金や法律以前に必要な、ロールモデルとの出合い

山賀沙耶

『女人 吉屋信子』

吉武輝子著、文藝春秋、1982年／文春文庫、1986年

小学生の頃は、自分は23歳ぐらいで結婚するものと、何となく思っていた。結婚しない、結婚できない人生があるなんて思いもしなかった。それもそのはず、自分のまわりに結婚しないで生きている人なんていなかったのだから。その頃から、何となく女の子が好きだという自覚はあった。中学生、高校生と年齢が上がっていくにつれて、それは確信に近いものになっていった。ようやく自分と同じ人に出会うことができたのは、大学生になってからだ。女の子を好きになったことで悩んだことはないし、仲間にも出会えた。けれど、40代、50代、60代、70代……と年齢を重ねていったときに、いったいどのように生きていけばいいか、という具体的なイメージはわかなかった。要するに、ロールモデルがいなかったのだ。

ようやく仲間に出会えた頃、大学では近代日本文学を学んでいた。4年生になって卒業論文のテーマを考える時期がきたが、私はテーマを決めかねていた。そんななかでたまたま聞きにいった講演で、初めて吉屋信子を知ることになる。帰宅してすぐに、少女小説『わすれなぐさ』を買って読んだ。そこに描かれていたのは、女学生同士の甘く切ない友愛物語。すぐにピンときた。その作者の吉屋信子とはどんな人かを知ろうと手にしたのが、『女人 吉屋信子』だ。

今やすっかり忘れ去られてしまっているが、吉屋信子は大正から昭和初期に少女小説や新聞小説など大衆小説を中心に活躍した、押しも押されもせぬ人気作家だった。そんな彼女は、女

性同士で愛し合うことを〝自然〟ととらえ、パートナーの門馬千代と暮らしつつ二人とも仕事をし、支え合いながら生涯をともにする。晩年には千代と養子縁組をし、形式上も家族となって遺産を残す（なんと、同性同士の婚姻に関しても「将来法改正させるつもり」などと書いている）。本書ではそんな信子の人生が、信子と千代の交わした手紙や信子の日記を多数用いて、リアルに描き出されている。１００年近く前から、同性をパートナーとした生き方を模索し、その人生を全うした人が日本にいたのだ。心強い後ろ盾を得た思いだった。

もうひとつ感服したのが、信子と千代が、50年一緒にいてもなお、お互いを思いやり合い、感謝の言葉を交わし合いながら、ともに生きていることだ。これは同性同士、異性同士にかかわらず、なかなかできないことだと思う。死の約半年前、信子は日記にこう書いている。

「夜半、便通しばしば苦しむ。終日、机に向かひしためか。千子、目に涙を浮べて、さすってくれる。ひるビフテキに執着しいぢめてごめんネ。世界でただ一人の人だのに」

信子の死から40年。今、ようやく日本でも同性婚の法制化が話題になりつつある。近い将来、同性同士で婚姻契約を結び、公にパートナーとして生きていくことも可能になるかもしれない。それでも、その契約関係に甘えず、お互いを尊重することを忘れずにいられるかどうか。これは法律が整備されたとしてもなお、私たちが向き合っていかなければいけない問題だと思う。

信子の頃から時代は変わり、健康でいる限りは、女一人でも何とか食べていけるようになってきた。それでも、自分の未来が見えず、不安を抱えながら生きているレズビアンは多い。大切なのは経済的な問題よりも、どう生きたいかの指針があるかどうか。本書がそのひとつのモデルを示してくれたことで、私は地に足をつけて生きていけるようになった。そして、この本との出合いが、自分と同じような人たちに多様な生き方のモデルを提示しようという、現在の活動を始めるきっかけのひとつになったのだ。

世界で一番色気がある「男」、レスリー・チャン

『さらば、わが愛 覇王別姫』『花の影』『ブエノスアイレス』

レスリー・チャンを初めてスクリーンで見たのは、1995年、陳凱歌（チェン・カイコー）監督の『さらば、わが愛　覇王別姫《はおうべっき》』だった。京劇の女形、蝶衣の姿だったけれど、世の中にこんなに色気のあるやつがいたのかと思った。その色気は「男でも女でもないオレは、かっこいいだろ」という迫力なのだった。レスリーは、自分のセクシュアリティについて考え尽くし、そこからスタートしてすべての事柄に対する豊かな解釈をもちえたアーティストであった。

彼は、いつも監督（おそらくは異性愛者の）の知らない「秘密」を知っていた俳優だった。原作の『覇王別姫』では蝶衣は自殺なんかしていない。監督と違って「同性愛＝悲劇」なんかじゃないってことを、レスリーは「知っていた」のだ。だから、一貫して蝶衣は堂々と「愛に生きている」。

『花の影』（原題は『風月』）は、レスリーが再び陳凱歌監督と組んだ作品。レスリーの性虐待を体験した男性（役名：忠良）としての演技は素晴らしかった。だが、映画全体には虐待への理解は薄い。監督が性虐待を取り扱うことができなかったからだ（わかっていたら、コン・リー〔役名：如意〕にあんな無神経な演技をさせないだろう）。レスリーには、「痛みを想像することができた」のではないか。

『ブエノスアイレス』は同性愛を真正面から取り上げた映画だが、ウォン・カーウァイ監督、トニー・レオン（役名：ファイ）ともに同性愛についての解釈は表面的だ。だから、「衝撃的」とされる冒頭のトニーとレスリー（役名：ウィン）のベッドシーンは湿り気がない。監督が消化できなかったのだろう。この映画の一番の収穫は、女性が一人も登場せず「同性愛が普通のこととして描かれたこと」じゃないかと密かに思っている。

そんな世界で、レスリーが躍るタンゴが秀逸だった。

レスリーはカムアウトしたことはない。ただ、「自分が望むもの」であろうと努力し、ハイヒールを履き、最愛の友が男性だとコンサートでファンに告げた。他人の押しつけをはね返し、スクリーンで思う存分自分を解放した。その勇気と健康さ。彼は今もスクリーンから、「人は望めば何にでもなれる」、と無数の「自分を愛せない者たち」にエールを送っているのだと思う。　（遠藤智子）

第4章　暮らし、健康・医療について考える本

Lovely Great Book Tour

社会と個々のLGBTとの間にある深い溝を埋めるサバイバルマニュアル

「どこで、誰と、どうやって暮らしていくか」というのは、LGBTに限らず、この社会で誰もが抱える人生最大の課題です。しかし、その課題にいつ、どんな形で直面するかは、人それぞれです。

第4章では、人生のさまざまな局面において、日常で困ったときに強力なヒントになる本を集めました。

まず、『思春期サバイバル』（122頁参照）や『10代からのセイファーセックス入門』（124頁参照）など、若い人の悩みを受けとめる本をいくつも入れました。

今の日本社会では、子どもの多くは、親や保護者の管理下で暮らし、生活の心配をしなくてすみます。その代わり、といってはなんですが、何を勉強したいのか、将来どんな職に就きたいのかなど、当面の目標やゴールを設定して、それに向かって脇目もふらず進むことを求められます。思春期ともなると、「人生設計」と称して、「何歳ぐらいに結婚したいか」とか「将来は何人子どもがほしいか」など、大人になったら核家族を形成するのが当然、という論調の教材を教育現場でみかけます。

あらかじめ敷かれたレールにうまく乗れれば、そこでほっと一息つけるかもしれませんが、小さい頃から強く性別違和を感じていたり、好きになる人が同性だと自覚している場合、はたまた何らかの理由で、安心できる子ども時代を過ごせなかった場合は、どうすればいいでしょう。

歌川たいじ『母さんがどんなに僕を嫌いでも』[*1]は、ゲイであり漫画家である著者が、親から受けた虐待と、だからこそ愛されたい、と願う自分について綴った、癒しのコミックエッセイです。エレン・バス、ローラ・デイビス『生きる勇気と癒す力』（128頁参照）やNPO法人レジリエンス『傷ついたあなたへ〈2〉—わたしがわたしを幸せにするということ DVトラウマからの回復ワークブック』[*2]には、内なる力を養うことで、苦しみを自ら癒す方法が書かれています。

順風満帆の人生は快適かもしれませんが、失敗や痛みから得た知恵や気づきは、なにものにも代えがたい宝物になることがあります。

同性パートナーとの暮らし、子育て、老後まで

ＬＧＢＴと暮らしの分野については、現在新刊が続々登場しており、ここにとりあげきれません。

ほのぼのとしたコミックエッセイとしては、竹内佐千子『ハニー＆ハニー—女の子どうしのラブ・カップル』[*3]が、年代や立場を問わず、すべての方におすすめです。

自分たちで子育てしたい、と考えているＬＧＢＴが読める本も増えてきました。たとえば、東小雪、増原裕子『レズビアン的結婚生活』[*4]と『ふたりのママから、きみたちへ』[*5]。前者は読みやすいコミックエッセイで、後者はまだ見ぬわが子らに綴った手紙という形式で、著者二人の生活と、こんな家族をつくりたい、とい

＊1　2013、エンターブレイン

＊2　2010、梨の木舎

＊3　2006、メディアファクトリー／2013、Ｋｉｎｄｌｅ版　ＫＡＤＯＫＡＷＡ／メディアファクトリー

＊4　2014、イースト・プレス

＊5　2014、イースト・プレス

う夢や希望が描かれています。

また、永易至文『ふたりで安心して最後まで暮らすための本―同性パートナーとのライフプランと法的書面』[*6]は、行政書士であり、日本のLGBTの動きを確かな目で追い続けてきた著者が、いま話題の東京都渋谷区の同性パートナーシップ証明書発行に合わせた形で、公正証書の作成をはじめとする実際的なアドバイスを提供しています。『同性パートナー生活読本』(110頁参照)とあわせて読むといいでしょう。

社会のつくりとしては、これまで気づかなかったニーズに気づいた時点で、それに合わせて制度を変えていく、というのが望ましい姿でしょうが、残念ながらこの日本ではいったん定着したものを変えるのに長い時間がかかります。緊急対応が必要な場合でも「2、3年様子をみましょう」、ようやく腰をあげたと思うと「もっと大事なことがある」——そう言って、マイノリティの声をあと回しにしてきました。その結果、今の日本社会と、個々のLGBTの生き方との間には、大きな隔たりが生まれたといっていいでしょう。

たとえば、住宅供給や医療保険、子育ての責任分担など、暮らし方の根幹を支える制度が、どれも「夫婦と子ども二人の核家族」を想定して整備されているため、それ以外の単身者やひとり親にとっては、極めて使い勝手が悪いのです。

それならカップルになれば利用できるかというと、「いえいえ、同性パートナーは想定外です、カップルで利用するなら男女一対になってください」と制度のほうが譲らないため、男女以外のカップルにとっては、あっても使えない制度がたくさん出てきます。LGBTが「性的マイノリティ」とみなされる大きな原因

＊6　2015、太郎次郎社エディタス

は、こうした制度的な硬直性にあるのです。

ここで紹介する本の数々は、その深い溝を埋めたり、橋を架けたりするための、大切なサバイバルマニュアルでもあります。もちろん、「正攻法」だけでなく、「裏道」や「脇道」、「けもの道」を使ってサバイブしていくことも可能です。

「権利」ってなんだろう

マイノリティは、社会のなかでさまざまな不具合を感じるがゆえに、社会のいびつな形に気づくことができる存在です。マイノリティの視点で社会を見ることは、これからの制度のあり方について深く考え、よりよい形を見つけるために不可欠といえるでしょう。

マジョリティに属する自分が「権利／特権」を１００持っていて、マイノリティが60しか持っていないとしたら、自分が20を差し出して、80：80にされるのか、それはいやだな、と考える人がいますが、「人権」とは「特権」というパイの取り合いとは違います。手放したほうが身のためなのは、「いじめる特権」と、「独り占めする特権」くらいでしょう。

自分にとって欠かせないものであれば、いま享受している権利を手放す必要はありません。その権利を、マイノリティも１００享受できるようにすることで、それは「特権」ではなく、すべての人の「権利」となるのです。

長く素敵な関係を育むために

『二人で生きる技術―幸せになるためのパートナーシップ』

大塚隆史著

パートナーシップは技術によって成り立っている。

同性同士が生きていくことは社会に望まれていない。そんななかで、二人の信頼関係をどうやって築いていけばよいのか……。本書は、同性同士のパートナーシップに関する名著である。

1980年代から新宿二丁目でゲイバーを営む著者が、男同士で「相互の理解を通して、世界一の味方だと思えるような関係」を目指して試行錯誤を重ねていく。著者の苦労や失敗などのエピソードは、自分自身を振り返るための教科書のようだ。本書を再読して、私もパートナーの女性とのやり取りでの失敗をいろいろと思い出した。反省して、顔が真っ赤になることもたくさんある。たとえば、

ポット出版、2009年

●自分が不安だからと、相手が疲れているにもかかわらず、真夜中に重い話を始めてしまったこと。

●自分がもっていないのは相手のせいではないのに、うらやましくて八つ当たりしてしまったこと。

●感情的になって「それを言ったらおしまいよ」ということまで口にしてしまったこと、などなど。

私とパートナーとの間で問題が出てくる背景には、自分の幼少期の体験からくる精神的な不安定さももちろんあったが、コミュニケーションの技術が未熟であったことも大きいと思う。

2015年9月現在、私たちが共に暮らし始めて4年、結婚式を挙げてから2年半。まだまだパートナーシップ初心者ではあるが、本書のなかの、以前はわからなかった部分が、自分たちの経験を通して理解できるようになった。

パートナーシップというと、「愛」とか「恋」とか、とかく情緒的なものが重要視されがちだが、著者はあえて「パートナーシップは技術」と言い切る。そうすることで、読み手に、関係性について落ち着いて考える機会を与えてくれている。

しかし、本書は関係づくりの「コツ」や「技術」を紹介するだけの本ではない。同時に、非常にドラマティックで、感動的な著者のライフヒストリーでもあるのだ。エピソードのなかには、涙なしには読めない部分もある。

同性カップルは「結婚」という枠組みの外におかれている。子どもをもつことにも高いハードルがある状況のなかで、二人の人間が長い関係を築いていこうとするのは、難しい挑戦だ。しかし、ひとりでも生きていける自立した大人同士が、「二人で生きる努力をしていきましょう」と決意して、家族になろうとする——。難しい挑戦だからこそ、守ってくれるものがないからこそ、そこから学べることはとても本質的な、生きる問題そのものだ。

本書を読むことで、今パートナーシップを築いている人は、自分の生活や心の動き、パートナーとの関係が人生の宝物であることに改めて気づくことができるだろう。そしてこれからパートナーシップをもとうとしている人には、将来、ぜひ読み返すことをおすすめしたい。著者は「この本には返し縫いを施してある」と書いている。本書を読み返し自分のなかで〝返し縫い〟をすることで、パートナーとの人生がより強固で確実なものになるにちがいない。

（東　小雪）

同性カップルで暮らすこと

『夫夫円満《ふうふ》』

パトリック・ジョセフ・リネハン＋エマーソン・カネグスケ著

後ろの方の席に座って、傍観していてはいけません。世界に加わり、自分の人生を生きるのです。

東洋経済新報社、2014年

表題を見て、「ＬＧＢＴとして生きるだけで大変なのに、カップルなんて……」とか、「独身で自由に恋愛を楽しむのがベスト」とか、「結婚という古い制度を真似するより、新しい生き方を追求すべき」などとお感じの読者もいるのではないだろうか。

この本で、夫パトリックは「（夫エマーソンとの）愛こそが、私の人生を定義し、意味を与えました」と言い、愛あふれる二人の生活を築かなければ人生に意味がないかのように語るのだが、それには、照れや違和感をもつ読者が多いかもしれない。私も彼の表現には、「結ばれたカップル」至上主義のようなものを感じる。

ただ、日本のＬＧＢＴと話していてよく感じるのは、自分には長年のパートナーなんて無理とあきらめてしまっている人が多いということ。カップルが堂々と暮らせる状況をつくり出せば、日本のLGBTにとっても、パートナーとの関係を維持しやすくなり、そこに生きがいを見出せる人が増えると、私は信じている。私自身も外国人パートナーと暮らしているが、人生の達成の多くは、理解し尊敬し合うパートナーとの関係のなかにあると感じるからだ。50代半ばになってその思いはより強くなり、だからこそ同性パートナーシップ法法制化の活動を続けているのである。

この本には、外国人をパートナーにする方にとって、二人の関係を発展させる実際的な示唆が多く含まれているが、それ以上に〝カミングアウト→パートナーとの出会い→結婚〟を通して、彼ら各々がどう「本当の自分」を発見していったかを見てほしい。この「心の成熟と自我の確立」とでも呼ぶべきものこそが、私自身の経験からみても、最も意味深いものだと感じるからだ。周囲から規定される自分ではない自分。好きな相手との関係を模索するなかで発見する自分。代償を払いながら二人の生活にコミットメントすることで発見する自分。そして、相互の親・きょうだいなど拡大家族に対しても自然に湧いてくる責任感。これらを多くのLGBTに体験してほしい。

パトリックは、「後ろの方の席に座って、傍観していてはいけません。世界に加わり、自分の人生を生きるのです」と、あなたの背中を押す。時間をかけてもいいから、自分と周囲にカムアウトすること、好きな人ができたらぶつかっていくこと、周囲の偏見にひるまずに正直に自分を説明すること。皆がそうすれば、日本の社会にLGBT、ひいてはダイバーシティを認めさせていくことができる。皆で日本の社会をLGBTにとって住みやすい社会に変えていける。これこそ彼ら二人が、日本の社会に送り続けたメッセージである。

じつは私は、著者のパトリックがエマーソンに会う前から、彼のことを知っている。私のパートナーが東京にいたとき、互いに外交官でゲイという友人同士だったのだ。今回この本を読み、二人の結婚までの道のりをよく知ることで、彼らの人生への理解がさらに深まった。彼ら二人とも、日本のLGBTと共通する多くの困難をくぐり抜けたうえで幸せをつかんだのだと、感慨を新たにした。

（池田　宏）

オーストラリアで生活することになったわけ

『まな板のうえの恋』
出雲まろう著

紙切れ一枚の重力がないほうが、もっと、もっと、素敵だから。

宝島社、1993年

女と男の関係でないことは、この社会で二人一緒に暮らすことをとても困難な、時には不可能なものにする。もしそれが国境を越えた関係だったら、問題はさらに深刻なものとなる。

最初に書かれるのは、著者とオーストラリア出身の恋人ジボリジャボリさんとの、うらやましいような運命的な出会い。だがジボリジャボリさんのワーキング・ホリデー・ビザの期限は1年半。日本で暮らすためには、別のビザが必要で、当時そのためには3年以上の実務経験か、大学卒業の資格がなくてはならなかった。離ればなれにならないための方法を考えた結果、ジボリジャボリさんが休学していたオーストラリアの大学に、卒業証書を手に入れるために1年間戻ること、著者も一緒に行くことが決まる。この本はその1年の滞在の記録である。

二人は「ゲイ&レズビアン」が集まる街に家を借り、生活を始める。そのなかで、ゲイ・バッシング、家族へのカムアウト、エイズ・パニックと同性愛者への差別、白人に虐げられてきたアボリジニのレズビアンとの出会い、などなどといった経験を重ねていく。けれどもこれは単なる観光見聞録なのではなくて、一つひとつの体験が、同性愛者として生きていくことにまつわる困難、必要なのに与えられていない権利についての問題を物語るものでもある。

本書のなかでとくに象徴的なのは「紙切れ一枚の重み」。ジボリジャボリさんのビザの期限が近づくなかで、しょせん紙切れ一枚なのだから、日本人男性とペーパーマリッジすればいいという提案があがる。だが、それはまさしく同性愛者を差別・排除してきた側の、結婚という制度にのっかることだと却下される。そんな紙切れ一枚に縛られるのではなくて、離ればなれになるのでもなくて、二人が一緒にいられる方法が、大学の卒業証書を獲得することだった。

もちろんどの国でも、大学に進むことは誰にも平等に許されていることではない。けれども、目の前にある支配的な制度に寄り添ったり、のっかったりして与えられた紙切れ一枚と、それを拒んで手にした紙切れ一枚の重みは、同じ「紙切れ」であっても質がぜんぜん違うものだろう。

この本を読んで、オーストラリアでの体験にふれることは、それでは今の日本社会とはどのような社会なのか？　と考える機会ともなる。でもそれ以前に、結婚すれば日本への滞在権が得られる異性のカップルではないこと、日本に「合法的に」滞在することのできる者同士のカップルでなかったことが、この1年のオーストラリア生活のきっかけになっているのだ。そうした状況が今もなお続いていることを忘れてはならない。何より「外国人」として日本に暮らす人々が日々直面する困難や差別についても。そのように誰かと誰かを切り分けることが、当たり前になされる社会では、性的マイノリティの生存もまた難しいものとなる。

法律や社会制度によって、どのような人々が生きづらくさせられてしまうのか？　自分には当たり前にあって、誰かには許されていない権利とは何か？　ということを問いかける一冊である。

（佐々木裕子）

同性カップルが直面する問題を通して「家族」を考える

『同性婚――私たち弁護士夫夫《ふうふ》です』

南　和行著

性的指向や性自認にかかわりなく
あらゆる人が自分自身を
肯定することができる社会を実現するために
同性婚を議論しなければ意味はない。

祥伝社新書、2015年

当たり前だが、会社員のゲイもいれば、自分で商売をしているゲイもいる。公務員のゲイもいる。もちろん、無職のゲイもいて、学生のゲイもいる。そして、弁護士のゲイもいる。ゲイがひとりもいない職業なんて、ない。しかしながら、「ゲイの弁護士が日本にいる」と知って驚く人は、まだまだ少なくないだろう。

この本の著者・南和行さんは弁護士だ。15年前に出会った男性のパートナーと一緒に弁護士事務所を開いている。パートナーも弁護士で、しかも二人は、同性カップルであることを公言している。

本名を明らかにし同性カップルであると公言して弁護士事務所を立ち上げるなんて、どれほど悩みのないオープンな人生を送ってきたのだろうと思う人もいるかもしれない。しかし、南さんも、ゲイであることをずっとオープンにしてきたわけではない。自分が同性愛者であることがバレてはいけないと思い、異性愛者のフリをして生きていた時期もあった。第1章では、同性愛者であると言えなかったことで抱えてきた葛藤について書いている。あわせて、パートナーや母、兄家族らも含めた「家族」との幸せな時間のこともだ。私は、「同性が好き」ということを誰にも話せないと思っている若い人にぜひこの本をおすすめしたい。人それぞれ状況も感じ方も異なるので単純なことではないが、南さんがこれまでに感じてきた葛藤や思い、そして「家族」と過ごす幸せな時間を知ることは、将来への希望になると思うからだ。

第2章以降は、同性カップルが直面する法的な問題について書かれている。同性カップルであることを公言している南さんたちのもとには、全国各地から同性愛者が相談に来るという。第2章では、同性カップルが直面する問題を具体的に示し、それに対して法律はどうなっているのかを教えてくれる。

結論として、現在の日本の法律は、同性愛者が存在していることを想定していない。これは、とても残念なことである。悲しいと思う人もいるかもしれない。しかし、あきらめないでほしい。少しずつではあるが、社会は変化してきている。同性婚についての本を、ゲイであると公言している弁護士が出版し、そのなかで、「たとえ誰かが個別に非難し傷つけてこようとも、『大丈夫、あなたたち家族の存在は法律で認められていますよ』ということが、法律の役割ではないか」と書いていることもその変化のひとつである。社会は間違いなく変わってきているし、変えていける。

本書は、「同性婚」という書名だが、同性婚の法制化をやみくもに訴える本ではない。結婚とは何か、家族とは何かについて、多くのことを考えさせてくれる。法律という枠組みだけで家族のなかの複雑な感情や葛藤が解消するわけではない。だから「かみ合わない部分をお互いに理解して、お互いの気持ちを尊重しながら、意識的に関係を築いていくこと」が、「家族」には求められると南さんはいう。同性を好きになる人だけでなく、多くの人に読んでほしい一冊である。

（森　あい）

妻子ある男が女に変わるとき

『「ありのままのわたしを生きる」ために』

土肥いつき著

「そこにいるのはいつきさん?」「そうだよ」
「謙ちゃん?」「そうだよ」。
そしてJさんは「お帰り」と言って
わたしを抱きしめてくれました。

日本性教育協会、2014年
※入手方法は、日本性教育協会への注文で。

本書はひとりのトランスジェンダーの記録である。日本性教育協会発行の『現代性教育ジャーナル』に3年間（2011年4月～2014年3月）連載されたものに筆を加えまとめられた。

そこには、結婚し2人の子に恵まれ、公立高校の数学教師として日々を送っていた「謙一郎」が、女性としての自己に気づき「いつき」へと性を移行していく姿（内なる声に抗しきれず、女性「いつき」としての生を選択するさま）が淡々とした筆致で描かれている。

連載中終始気にかかっていたのは、著者本人というより、パートナーJさんやご家族のことであった。

著者紹介にもあるが、土肥さんはマイノリティの人たちを支援するさまざまな活動に深くかかわってきた。Jさんとの結婚も共通する思考と行動によるものだと思う。

教師として、社会人として人間に向ける土肥さんのまなざしは温かで正鵠《せいこく》を射たものである。私はそんな土肥いつきさんがとても好きになった。でもトランスジェンダーである「いつきさん」が肉親だったら、伴侶だったらかなわないなあ、困っちゃうなあ、となぜか後ろめたさを感じながら毎月届く原稿を読んでいた。

土肥さんがJさんにトランスジェンダーであることをカムアウトしたとき、Jさんは「知らずに子どもを二人もつくってしまった。なぜ結婚する前に言ってくれなかったん?」と言う。だが夫の抱える問題の重大さに、〝痺れた頭で〟ひとまずは告白を受け止める。人間を肯定的にとらえる感性と生来の芯の勁《つよ》さがなせる対応であったのだろうが、その後に次々と展開される夫の言動はボディーブローのようにJさんをさいなんでいったにちがいない。

「いつきさん」は自分のことしか見えていない、Jさんに甘えてばかりじゃないかという腹立たしさで胸がいっぱいになるときもあった。だからJさんが葛藤で自分の心を傷つけながらも子どもたちに「お父さんは立派な人」と言いつづけ、子どもを守り、親戚や社会に正対していこうと決意し努力する姿に筆が向かったとき、はじめて「いつきさん」を許容し認めることができた。

Jさんの勁さがその揺れも含めて、読者としての私を救ってくれた。もちろんいつきさんも勁くひたむきな人だ。そのひたむきさこそ、与えられた性が生み出す違和へのあがきであり真の性を獲得するに至った力なのであろう。

私は生活者としての女性の位置取りに腹立たしさや悔しさを覚えることはあっても、女としての自己の存在に戸惑いを覚えたことはない。そんな私にとって、トランスジェンダーという存在はやはり厄介であることに変わりはない。「男に戻れよ!」と叫んだいつきさんの知人のもやもや感もわかるのだ。

いつきさんやその家族が今後どのような人生を歩んでいくのかはわからない。このまま家族としての形を保っていくのか、解散に至るのか……。いずれにせよ、この家族の物語は私にとって、人として今を生きることの意味を考え続けさせてくれる貴重な一冊である。(百瀬民江)

まだまだ不十分、でも変えていくこともできる

『プロブレムQ&A 同性パートナー生活読本
—同居・税金・保険から介護・死別・相続まで』
永易至文著

『にじ色ライフプランニング入門
—ゲイのFPが語る〈暮らし・お金・老後〉』
永易至文著

「私はこうした。あなたはどうする？」
—すべてはここから始まります。
（『同性パートナー生活読本』より）

好きな人の性別が同性であるあなたへ。とくに10代の頃は、同性が好きと公表しているおとなが周りになかなかいなくて、同性を好きになった人がどんな暮らしをしているのか、想像ができないかもしれない。

当然のことながら、同性を好きになる人も、日々、生活をしている。うれしいことがあったりつらいことがあったり……当たり前に暮らしている。そして、年を重ねている。けれども今の日本では、まだまだ同性パートナーとの暮らしが当たり前ではない。法の上でもほぼ想定されていない。

日本では、同性である人との関係が法によってどのように守られているか、少し書いておこう。

緑風出版、2009年

にじ色ライフプランニング情報センター／太郎次郎社エディタス、2012年

まず、法律上、同性であるパートナーと結婚することはできない。もちろん結婚式をあげることは自由だ。けれども、婚姻届を役所に提出して結婚することはできない。だから、異性となら結婚すれば（婚姻届を出すだけで）得られるさまざまな法的効果を、同性同士の場合は得ることができない。たとえば、相続権は、養子縁組をする場合は別として、認められない。

異性のカップルの場合は、たとえ婚姻届を出していなくても、届を出した男女のように権利が認められることがある。本人たちの意識やその生活の実態から夫婦同然の生活をしている関係と認められれば、パートナーを扶養家族にできたり、関係を解消するときに財産を分けることを請求できたりする。相続権までは認められないが、結婚しているカップルと同じ権利がけっこう認められるのだ。だが、同性のカップルの場合は、「夫婦」同然の生活をしていても、法律上はっきりと権利が認められていなかったり、解釈が定まっていなかったりして、婚姻届未届けの異性のカップルとも同じようには守られていない。これは、不安だし、悔しいことだと思うかもしれない。しかし、決まった形がない分、経験や知識を共有することで、自分の生き方やパートナーとの関係を工夫していくことができるともいえよう。

『同性パートナー生活読本』は主にパートナーとの関係について、『にじ色ライフプランニング入門』は、老後や終末期を含め人がひとり分の人生を生きていることに重点をおいて書かれている。どちらの本にも、著者がいろんな人の話を聞いたり、研究してきたことで得た経験や知識が目いっぱい詰まっている。経験や知識を共有し、創意工夫をしていくことは、あなただけでなく、あなたの周りの人の生活を豊かにすることにもつながる。この2冊の本には、たくさんの考える材料が載っている。

これらの本を読むうえで、うれしい注意事項がある。とくに『同性パートナー生活読本』。この本が出版されたのは、2009年。以降、たくさんの変化があった。同性同士で公営住宅を申し込める自治体もあるし、携帯電話大手3社が、それぞれ条件はあるが同性パートナー間でも家族割引を使えるようにした。同性パートナーに福利厚生を認める会社も出てきている。まだまだ不十分ではある。しかし、著者が言うように、法や制度に不備や不満があるなら、それを変えていくこともできるのだ。

（森　あい）

職場に虹をかけるには？

『「ありのままの自分」で働ける環境を目指して　職場のＬＧＢＴ読本』

柳沢正和ほか著

ダイバーシティって福利厚生施策ではない。だから、必要な人に、必要な手をいかに早く打てるかでいい。

実務教育出版、2015年

職場に虹をかけるにはどうしたらよいのだろうか。わたしは非正規雇用の若者が中心の労働組合で支援活動をしている。セクシャルマイノリティからの相談もある。日本社会の雇用・社会保障のシステムは、法律婚をした男女カップルの負担を軽くするように、デザインされてきた。男性パートナーが主な稼ぎ手となり、女性パートナーが家事や育児や介護をタダで担いながら、年間所得１０３万～１３０万円以下のパートタイム労働者として働く、という世帯のあり方だ。企業だけではなく、労働局、労働基準監督署、労働委員会、特定社労士、裁判所、弁護士、労働組合などの相談機関も、このような社会の一部である。支援する側にいるからといって、ジェンダー・セクシャリティの感度が高いとは限らない。

この本は、企業の人事担当者をターゲットにした、セクシャルマイノリティに関する労務マニュアル本として読める。「多様性を生かす企業は強い！」という背表紙のメッセージはシンプルで力強い。この本に登場する、SONY、IBMなどのグローバル企業や、証券会社などの金融産業は、生産性を上げる労務管理の面からも、ダイバーシティに関心を寄せている。差別的言動はダメ、職場内に仲間づくりの場をつくる、当人が望む性別で接する、社内の福利厚生を変えるなど、大きなお金を動かさなくてもできることばかり。企業の人事担当者、また労務・労働問題にかかわる支援者にも、参考にしてもらえる内容ではないだろうか。

けれども、企業間格差、地域間格差、能力格差を考えると、複雑な気持ちになる。私がかかわってきた労働相談では、地方で働くMTFトランスジェンダーの方が多かった。たとえば、中小企業の非正規雇用で、職場のストレスでメンタルヘルスの不調をもち、離職し、場合によっては生活保護で急場をしのぐ、という人たち。おそらく地方都市の中小企業にはこの本のメッセージは届きにくい。労働者としてのある種の有能さを売りにできない人もいる。職場の多様性が生産性に結びつくというメッセージが逆効果になるケースもあるだろう。

生きにくさを抱えている人たちは、社会に適応すると同時に、社会を変えていかざるをえない。どのようなバランスで生きるのか。正しい答えはない。この本も回答のひとつの試みとして読まれるべきだ。うつ病を悪化させ、不眠になり、ご飯を食べられなくなり、部屋から出られなくなり、誰とも話せなくなる前に、先達と知り合いになっておいたほうがよい。元気に働けるのはいいことだけれども、働けなくなることもある。一発逆転の救済があるわけではない。それでも、生きて休むことはできる。そのための制度はある。先達を頼るほうがよい。働きたい人が働けず、休みたい人が休むことさえできない世界に、虹はかからない。いろいろな企業、地方、職種、雇用形態、いろいろな心と体の状態の人たちが、自由になれる方法を探したい。虹はきっとそこにある。

（高橋慎一）

ックを受け、同時に強い怒りを感じた。

そんなときにギャンブルと出合った。ギャンブルは、憤った気持ちを紛らわせてくれた。そこから深みにはまり、仕事を失い、地元にもいられなくなってしまい……。自死を考えるようになった。そんな人生のどん底から救ってくれたのが、友人の紹介でつながった依存症の回復施設で教わった回復プログラムだ。内容は複雑だが、言っていることはごくシンプルなものだった。それは「自分らしく」いること。振り返れば、それまでは「自分らしく」いることができなかった。「部落出身」「ゲイ」、そして新たに加わった「ギャンブル依存症」という仮面があると思っていた。しかし、「仮面」と思っていたものは自分の本来の姿で、「普通」という仮面をかぶっていたことに気づいた。

マイノリティの多くは、極力目立たないように暮らしている。生きづらさを感じながらも、そうしないと剥《む》き出しの差別に対して自分を守ることができないからだ。そこに気づいたのは、自分が「ダブルマイノリティ」であったからだと思う。よくマイノリティは、他のマイノリティに対して寛容で理解があると言われる。確かにそういう一面はあるが、それは差別で苦しむ状況への共感でしかない。これは、社会でマイノリティを理解するときによく語られる「同情」と同じで、本質は「無関心」なのだ。無関心とは、単純に知らないということではなく、知りながらも身近に感じずかかわらないことである。多くの人々は、差別はいけないと言いながらも被差別者に目を向けようとはせず、どこか遠くの問題としてとらえ無関心でいる。そのことがどれだけマイノリティを傷つけているか……。

私は沖縄に来て、基地問題やLGBTの問題にかかわることでそのことに気づかされた。マイノリティが「自分らしく」いるためには、周囲が(あるいは自分が周囲に対して)無関心でないこと、身近にマイノリティが存在し、自分と関係していることを認識することが大切だと考える。

ダブルマイノリティ

森　雅寛

私は、被差別部落出身者で、ゲイの「ダブルマイノリティ」である。ゲイであることを自覚したのは中学の頃だ。この頃、メディアではゲイをナヨナヨした「変」な存在として描いていた。いつしか自分は「変な奴」だと思うようになり、それを隠すために「普通」であろうとした。「普通」とは、極力目立たないでいることであった。ただ、周囲がそうはさせてくれなかった。被差別部落で育った私は、自然な流れで部落解放運動に参加、周囲から期待され、自分もその期待に応えた。もちろんやらされたという感覚はなかったが、「普通」であり続けるために期待に応えていたのかもしれない。だが、高校に入る頃からその「普通」が「少し違う」と思うようになった。

まず、「部落出身」であることを意識するようになったことが大きい。この頃から2つの仮面があると感じ始めた。「部落出身者」と「ゲイ」である仮面だ。学校では、2つの仮面を隠し「普通」でいようとした。部落出身の仮面は、運動のなかでは見せたが「ゲイ」である仮面は絶対に見せなかった。なぜか。性自認の葛藤があったことと、バレたらはじかれるのではという恐怖からであった。それ以来、自分には居場所がないと思うようになった。性自認がはっきりすればするほどその思いは大きくなった。大学に入り、ゲイコミュニティに出入りするようになった。ようやく「ゲイ」である仮面を臆せず出せると思った。しかし、ゲイコミュニティでは、アノニミティ（無名性）が守られ名前や住まい、職業を話すことは強要されなかったが、「部落」や「在日」に対する差別発言をよく耳にした。ここにも居場所がないと感じた。

大学卒業後、部落解放運動から立ち上がった人権NPOで働き始めた。その頃から運動に対し憤りを感じ始めた。きっかけは、運動関係の方針を話し合う集会で、セクハラ問題やジェンダー問題に取り組む方針が出されたときのこと。その集会で勇気をもって「セクシュアルマイノリティについても取り組んでは」と発言した。だが、回答は「時期尚早」というものだった。この発言にショ

この世界に「自分の居場所を見つける」方法

『さびしさの授業』

伏見憲明著

他者に対して想像力や共感を持てたのなら、世界の中に少しだけ自分の「生きられる場所」を確保したことにならないでしょうか。そのこと自体、ここに存在することの意味になる。

イースト・プレス、2011年

「私」はこの世界に居場所を見つけて生きていかざるを得ない。しかし「私」であることを位置づけていくことはとても難しい。でも何とかして「生きられる場」をつくり出さないといけない。じゃあそれはどうやって？

この深遠な問いを身近に引き寄せるために、著者は、小学校時代に1週間ほど周囲の友人からことごとく無視され存在しないかのように扱われ続けた酷くも鮮烈な体験を語る。周りには気丈《きじょう》に何事もなかったかのように振る舞っていた。ところが、誰も見ていないところで、ある女の子から特別に情けをかけられた。このことに最もプライドを傷つけられたそうだ。

本書で著者は映画や小説の物語をひきつつ、世界に「居場所を見つける」方法を語る。

まず、自分の置かれた状態を誰も理解してくれないことがあるという一種の諦念《ていねん》、受け入れである。そのうえで希望をもってじっと待つことを説く。映画『シックス・センス』で、幽霊の見える主人公の少年コールは、その特異な才能を誰にも理解されずに苦悩していた。ところが彼は、小児精神科医マルコムと出会って、その助言を受け入れ、ある行動を起こす。それが少年の希望と救いになるのだ。

さらに、『赤毛のアン』（L・M・モンゴメリ著）の主人公アンの無邪気さに違和感を覚えつつも、悲惨な境遇におかれても、逞《たくま》しく想像力を働かすことで自由闊達《かったつ》、前向きに生きる彼女の姿に学ぶべきだと言う。そして、赤毛を侮辱されたアンが相手に激しく怒り、反発する姿に、たった一つでも守るべきプライド、最後の砦をもつべきだとする。

続いて著者は『X－メン』という映画をとりあげる。これは、人類と、人類から突然変異で生まれ人類に敵対するミュータント、そして両者の中間的存在である仲介者的役割のX－メンの三つどもえの争いを描いた作品だ。理解されない少数派としてのミュータントの立場は、同性愛者になぞらえることができるのではないかと解釈する。さらに著者は、ポリオを発病して全身麻痺障がい者となった金満里《キムマンリ》さんの考えと行動とを紹介する。障がい者が忍従を強いられたり、変わることを求められるのではなく、社会を変えることがまず先決だということに彼女は気がつく。

そこで著者は、理解してくれない社会と対抗するためには「仲間とつながる」ことが必要だと力説する。つまり「私」は単に内なる「私」を確保するだけに終わってはいけない。自ら世界を変えていこうとすることで「自分の生きられる場所」を生み出していくこともできるのではないかと。

最後に、映画『千と千尋《ちひろ》の神隠し』で、千尋が物語のなかで経験してきた道をたどりつつ、一人一人の「生」の奇跡的なまでのかけがえのなさ、尊さに思いをはせる。

僕はこれほど抽象的で深い内容をやさしくわかりやすい言葉で具体的に語った本を知らない。著者の関心領域の幅の広さに支えられた、ジャンルにとらわれない柔らかい知性がそのことを可能にしている。「授業」と銘打ちながらも説教臭はかけらもなく、優しさの伝わる語り口で一気に読ませ最後はジンときてしまう。一読をすすめたい。

（木村一紀）

「ノイズ」を発すること

『レズビアン・アイデンティティーズ』

堀江有里著

「レズビアン」に注目し、こだわりつづけるのは、異性愛主義、男性中心主義という規範を同時に問題化し、考えていくためである。

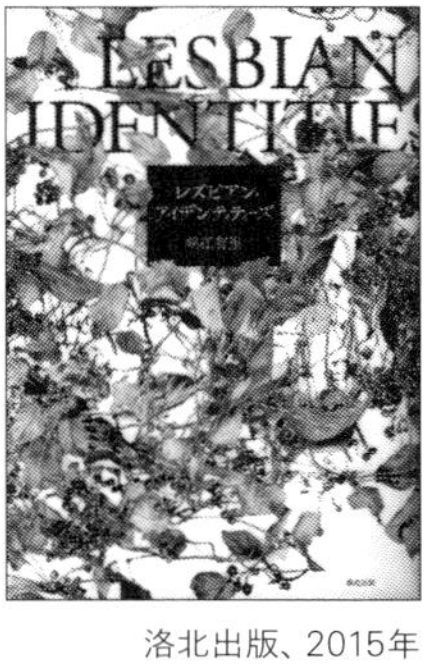

洛北出版、2015年

この『にじ色の本棚』にもいくつかのレズビアンについての本が登場しているが、2015年に出版されたこの本は、とくに近年の性的マイノリティをとりまく社会の動きを背景に置きつつ、「レズビアン」の「アイデンティティーズ」の可能性を模索している。

著者が一貫して注目し、批判するのは、レズビアンの不可視性。レズビアンであることは、女であり同性愛者であることなのだが、それは、それぞれに同化しながら、同時にそれぞれに対しての差異を確認するという、いわばいつも境界線のはざまに置かれる経験であると言える。あるいはレズビアンであることを引き受けたとしても、ネガティヴなステレオタイプを押しつけられたり、新たなスティグマを与えられるだけとなってしまう。これに対して必要なのは、わかりやすい言葉や、より良いイメージを提示することではなく、「ノイズ」を発すること、つまり聞き心地が悪い声、ひとつの統一されたハーモニーではない声をあげることだと著者は言う。

2015年は、東京・渋谷区のいわゆる「同性パートナーシップ条例[23]」の成立や、米国の同性婚の合憲判決などの出来事があった。一方では同性カップルに法的な保障が与えられることは、異性愛者との格差の是正という点においては必要不可欠なものであるが、しかしながら、性的マイノリティの権利獲得のゴールのあり方として、カップルでいること、婚姻関係にあること〈だけ〉が強調されることで、見落とされてしまうものがある。

著者は、そもそも戸籍制度に基づく婚姻制度が、被差別部落出身者、婚外子、外国人といった人々に対する差別の温床でもあったことを指摘する。また、カップルであることの「わかりやすさ」が提示されるなかで、カップル主義やモノガミー規範[24]がなおも強固なものであり続けることにも警鐘を鳴らす。このような流れのなかでは「つがい」になることを望むような生き方だけが祝福されるべきものとなってしまい、個として生きることやその生きがたさについて考えることが困難なものとなる。

これまで差別や抑圧や排除を生み出してきたマジョリティ側の秩序や体制は問われないままで、そしてマイノリティが多様性のひとこまとしてそこに加えられるだけであるのなら、それらはまた繰り返されてしまう。だからこそ重要なのは、そのような生きがたさを人々に強いてきた、異性愛主義、男性中心主義へと批判の矛先を向けることなのだ。

レズビアンたちの経験はそれぞれにさまざまである。その複数のアイデンティティの出会いのなかで、それぞれの「怒り」の共有をし、対話を行うことは、重要な抵抗への一歩となるのではないかと著者は主張する。それは、ひとつの正しさを押しつけられることへの抵抗であると同時に、どの他人ともどうしても異なってしまうような自らのあり方を、単なる多様性の祝福に乗っかるのとは異なるしかたで、自分自身によって肯定していく出発点となるかもしれない。力強い一冊だ。（佐々木裕子）

語られるな、語れ

『トランスがわかりません!!―ゆらぎのセクシュアリティ考』
ROS（Rockdom of sexsuality）編著

『恋愛のフツーがわかりません!!―ゆらぎのセクシュアリティ考2』
ROS（Rockdom of sexsuality）編著

で、私はもうこれ以上「女」や「男」を演じるのではなくて、自分の色のままでいたいと思っている自分に気づいた。
（『トランスがわかりません!!』より）

アットワークス、2007年

アットワークス、2008年

「個人的なことは政治的なこと」（The personal is political）というフェミニズムのスローガンがある。これまでちっぽけなこと、とるにたらないこととされてきたこと、「おうちでやって」「ここでは持ちださないでね」と言われてきたようなことが、じつはすごく「社会」とつながっていて、「社会」から影響を受けていて、ぜんぜん「個人的」だけで片づけられるようなものじゃないんだよ!!ということを表した、人類が生み出した素晴らしい言葉のひとつだ（と私は思っている）。

たとえば、お酒を飲んで暴れるお父さんのことを21世紀では「ドメスティック・バイオレンス（DV。配偶者や恋人など親密な関係にある／あった者から振るわれる暴力）」と表現できるけれど、20世紀の途中までは、家の中でおきることは公の場所で議論するようなことではないとされていた。家の中のことは、家の中でやってよ、終了。それが世間の反応だった。でも、暴力を振るわれる側だった人たちが集まって、自分たちの言葉を取り戻すなかで初めて気がついたんだ。これは、単にうちのお父さんの機嫌が悪いとか、夕飯のおかずを増やしたら収まるかも、なんていう話でもない。この社会にあるジェンダーの問題や、一方的な暴力を「夫婦喧嘩は犬も食わない」だなんて涼しい顔をしてごまかそうとする人々の問題じゃないのかと。そうやって、言葉を手にした人たちは、初めて自分たちの尊厳を取り戻し始めたというわけ。

このROSによる「わかりません!!」の両冊は、「個人的なことは政治的なこと」をそのまま体現している。それぞれトランスジェンダーや恋愛の〝フツー〟とされていることをめぐって、世の中で語られていることを「本当にそうなの?!」と問い返し、自分たちの言葉で語り直している本だ。トランスジェンダーの人は、「自分のからだに違和感があって、自分のからだが嫌い」だとよく言われているけれど、それって本当にそうなの？　社会から自分のからだに「敵対」させられているだけじゃないの？　なんてことを、真正面から語り出す。あるいは、恋愛をめぐって「フツー」とされていることがいろいろあるけど、誰かとどんな関係をつくるのかって、当人同士が決めたらいい話じゃない？　ランダムに問題提起がされまくり、わいわいがやがやと「わたし語り」がされていく。

読んでいる側も、思わず自分自身のことを問い直してしまう。自分の場合はこうだと思う、いや、やっぱり違うかな……。そんなことを夢中になって考えているうちに、気がつけば「わたし語り」が、かなりの高確率で感染してしまう。誰かをつかまえて、この本に書いてあることについて話したい、と思うようになる。そんなアブない魅力と中毒性があるので、何を隠そう、この本の紹介をするにあたり、私は「図書館」に足を運ばざるをえなかった。過去に何度も本書を購入しているのに、そのたびに友人に貸してしまい、本が帰ってこなくなったためだ。

私たちの性は、私たちが自分の言葉で語りださない限りは「生きてこない」。語られるな、語れ。そして、語り続けよう。

（遠藤まめた）

学校と家を往復しながら本気出して考えていたこと

『思春期サバイバル――10代の時って考えることが多くなる気がするわけ。』

ここから探検隊著

問題山積み。しゅーりょー、って
終わることができればいいけど、終わらない！
だって、生きてるし。生き続けるし。

はるか書房、2013年

10代の頃も、そして今も問題は山積みだ。20代の今は10代の頃と比べて、また少し違ったことを抱えているのだが、10代の頃より問題をうまくサバイブできるようになった気がしていて、自分としてはそれなりにやれているんじゃないかなって思えるようにもなった。10代の頃の経験が活きていると思う。

みんなはどんなことを考えている／いただろうか。10代の頃の自分は両親が離婚をしたから「結婚ってなんだろう？」とか、母親が自死をしたことが信じられなかったこととか、どうも自分は長男で〝跡継ぎ〟として期待されているらしいとか、水泳が嫌だな、とか家庭のことも学校のこともよく考えていた気がする。ただでさえいろいろと考えることがあるので、自分はどうも男の子に恋をするらしいってことは考えないようにしていた。そんなにいろいろなことに向き合ったら死んでしまうような気がしていた。

とりあえず、「ちょっと今、混乱」って時は、いったん落ち着いて考えたい。（同書5頁）

読者のみなさんもたくさん、考えることがあるかもしれないし、ないかもしれない。考えるのが面倒くさい！と思うし、ポジティブは大事だし、重い話は友達にウザがられるし……。そうそう、友達にどうしたら嫌われないかって、よく僕も考えていたっけ。重いことも軽いことも、いろんなことを、気づいたら一生懸命に考えていたり、けれど面倒くさいから考えるのをやめてみたり、かといって「考えすぎだよ」と言われたらイライラしたり……もう自分がメンドクサイ!!　でも、そんなフツーな／フツーじゃない自分が精一杯考えていたことを、実は他の人も同じように考えていたのを知ると少しほっとしたりする。〝フツー〟ってそもそもなんなのだろうか。

本書は、そんな悩み多い10代のモヤモヤをみんなで一緒にワイワイしながら考える本。そして、共有する本。楽しみ方はさまざまで、ヒントを探しにいってもいいし、共感できる心地よさを楽しんでもいい。見出しを少し紹介すると「理不尽な先輩」「恋愛＝セックス？」「こんな自分が大っ嫌い」など一度は誰しも考えたことがあることや共感できるものに加えて、「DV――これって愛なの？」というように10代の頃には知っておきたい／おきたかった、学校ではなかなか教えてくれない実生活に役に立つ情報もある（「やきもちチェッカー」や電話相談の連絡先などのコンテンツも！）。

制作チーム名「ここから探検隊」には、「こころとからだ」と「いま自分がいるここから始めよう」という意味が込められているそうだ。本書は性的マイノリティについても触れながら、それだけではなく、「友人関係」や「恋愛」など人間関係の〝そもそも〟にも問いかけている。誰とも話したくないときや、考えることが多くなったとき、誰でも読んで楽しむことができ、そばにあると少し安心して少し自由になることができる。今10代の君にも、昔10代だった君にもぜひ、読んでもらいたい一冊だ。

（下平　武）

性について学ぶことは心とからだの健康を守ること

『プロブレムQ&A　10代からのセイファーセックス入門
――子も親も先生もこれだけは知っておこう』

堀口貞夫ほか著

緑風出版、2005年

「性」を意識するようになるとき、基礎になるのは自分を受け入れ（自己肯定感）、他者を大切に思う気持ちです。

本書のタイトルに「セイファーセックス入門」とあるので、セックスについての本と思う方もいるかもしれないが、そうではない。自分のからだについて、性について、そして性教育についても書かれている。「自分の身体や性について知ることで、自分を肯定的にとらえ、他の人を尊重し、愛することにつながっていく」ことを伝えている本だ。

Q&A方式で構成されているが、その質問の一つひとつが、性について意識しだした頃に気になっていたことや、当時知ることができていたら悩まなくてすんだなぁと思える内容になっている。

性について話をするときは、異性愛を中心とした話になることが多いが、この本では、異性間だけでなく同性間での愛、セイファーセックスの大切さ、セイファーセックスのしかたを詳しく説明しているのが大きな特徴だ。そして、性的指向が異性に向いているか同性に向いているかにかかわりなく、ＨＩＶをはじめとする性感染症に対してより安全なセックスが必要であること、そのためには性的交流の場では、お互いの意思や気持ちを尊重することが大切だと、強調する。

性教育に関しては、日本では性についての科学的な知識を正しく伝えられてこなかったと述べている。思い返せば私自身も性に関する情報は、学校の友達や先輩、インターネットなどから手に入れていた。性についての情報は身の回りにあふれているが、それが正しいものか正しくないかもわからず鵜《う》呑《の》みにしていたように思う。そこでまた新たな悩みが生まれたり不安が生じたりするのだが、そんなとき正しい情報を伝えてくれる人や本に出合っていたら、もっと楽に過ごせていたのではないかと思う部分もある。

大学生である私自身、この本を読んで初めて知ったこともある。現在、性について悩んでいる子どもたちに、ぜひこの本を手に取ってほしい。科学的な内容もやさしい言葉で語られているし、なにより悩んでいる子どもの心に向けて語られているので、安心感を抱くことができるのではないかと思う。

また、子どもから性について聞かれて答えられず戸惑っている親も、性について教えたいと思っているが、どう教えていけばいいのかわからないという先生も、この本を読むことで、自信をもって子どもたちに伝えていけるだろう。子どももおとなも、性や身体についての悩みをひとりで抱え込まないように、電話相談の窓口や対応している専門の団体の紹介もされている。もし、身近に悩んでいる子どもがいたら、この本を読んだ周りのおとなたちが、正しい知識を伝えていけるといいなと思う。

「性教育」というとマイナスなイメージでとらえられることも多い。だが本書では、性について学ぶとは、「自分を知ること、大切に思うこと」であり、それが他の人を尊重することにつながり、「心とからだの健康を守る」ことにつながると述べる。性についての正しい知識を得ることは、子どもたちの（私たちの）権利なのだということを、この本は教えてくれる。

（松岡宗嗣）

医療や社会制度を変えてゆくために

『性同一性障害――性転換の朝《あした》』

吉永みち子著

性同一性障害という言葉と、埼玉医大での初の性転換手術のニュースは、一般の市民の間に知ろうとする人々を生んだ。

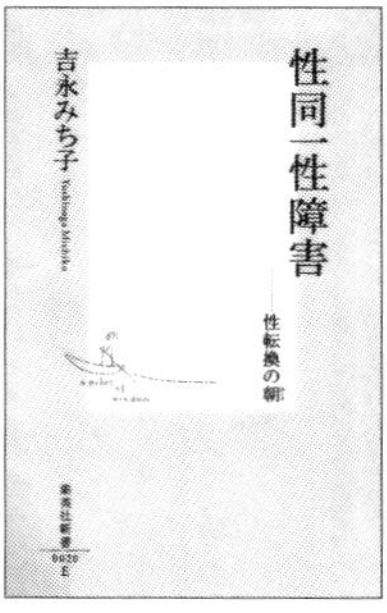

集英社新書、2000年

1998年10月16日、日本国内で初めて、公式に医療行為として認められた「性同一性障害」の患者に対する性別適合手術*が埼玉医科大学で行われた。マスメディアの注目を浴びるなかで手術は成功し、その後の報道でもセンセーショナルにとりあげられた。本書は、2000年という早い段階で「性同一性障害」をとりまく社会的な状況についてまとめており、現在においても重要な論点が網羅されている。

日本国内で初めての「性同一性障害」の患者への性別適合手術が行われたのち、著者の吉永みち子と会った虎井まさ衛は、「日本で正式に治療できるようになるなんて感無量です」と語ったという。2度にわたりアメリカで女性から男性への性別適合手術を受けた虎井は、「性同一性障害」という診断名がついたことで、医療がとりくむべき問題だと認められたことを高く評価する。

1969年、ゲイバーで働く3人に睾丸《こうがん》の全摘出手術を行ったとして、産婦人科のA医師に優生保護法違反で懲役2年、執行猶予3年、罰金40万円の有罪判決が出た。ブルーボーイ事件と呼ばれるこの事件以来、日本国内では「公式」な性別適合手術は行われないようになった。1995年、そのタブーを打ち破るようにして、埼玉医科大学の原科孝雄教授が、埼玉医科大倫理委員会に、性別適合手術のための外科的治療に関する倫理的な判断を求める申請を提出した。女性から男性への性別適合手術を望んでいる患者との出会いが原科の心を動かした。同倫理委員会からの「答申」では、「性同一性障害」という疾患が存在し、性別違和に苦しむ人がいる以上、その悩みを軽減するために医学は手助けすべきだという指針が示された。

日本精神神経学会でも特別委員会を組織し、診断基準を明記した上で治療のガイドラインを盛り込んだ「答申」が提示された。ブルーボーイ事件から30年を経て、特別委員会の委員長を務めた山内俊雄埼玉医科大教授、「性同一性障害」の医療に尽力してきた塚田攻医師らの努力が実った。何よりも、当事者の活動や支援グループである「TSとTGを支える人々の会」(25)の存在があったことを忘れてはならない。この流れは、「性同一性障害」の人々に大きな光を与えた。

しかし、「医療化」が進むにつれて、ホルモン療法や外科手術を必要としない人たちの存在が置き去りにされていることも問題として残った。また、「性分化疾患」の人々についての取材を行うなかで、著者である吉永は、性別適合手術が行われるようになったことと「性的マイノリティ」の人権が守られることとは別の問題であると痛感したという。つまり、医療で解決できる「性同一性障害」にのみ注目が集まり、この流れに乗れない人たちの存在が忘れ去られているのだ。現在においても、戸籍の性別をどうするのか、など法や社会制度は十分に整備されたとは言いがたい。それでも、性の分かれ道に立ちつくす人たちにとって、医療や社会制度が変わることは光となる。本書は社会を変えてゆくための貴重なレポートである。

(岩川ありさ)

＊原本では「性転換手術」となっているが、現在使われている「性別適合手術」を用いた。

自分と出会い、自分を癒すために

『新装改訂版　生きる勇気と癒す力
——性暴力の時代を生きる女性のためのガイドブック』
エレン・バス＋ローラ・デイビス著／原美奈子＋二見れい子訳

どんなにそれを覆い隠そうとしても、元には戻りません。サバイバーはこれまで言葉にできなかったことを声に出す勇気を持ちました。

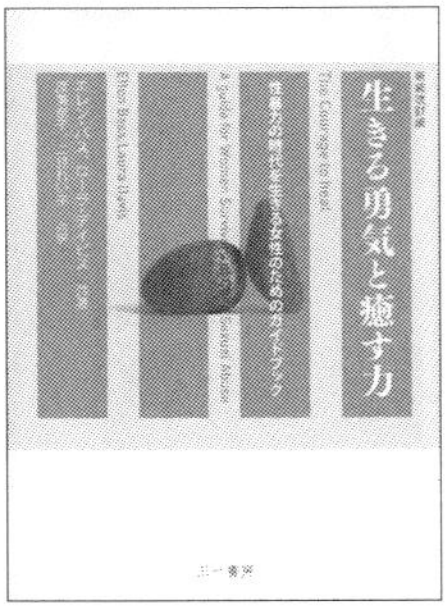
三一書房、2014年

本書は性的虐待を悲劇的に描いた本ではない。これまでの多くの文献が虐待の悲惨さや破壊といった側面に焦点をあててきたのに対して、本書は「癒し」を中心に据えている。著者のひとりであるエレン・バスは、幼少の頃に性的虐待を受けた女性たちを対象にして、性的虐待の経験を書き記し、苦しみを癒すことで自らの歴史を再構築するためのワークショップを続けてきた。もうひとりの著者であるローラ・デイビスは、ワークショップを数多く行うカウンセラーとして活躍している。バスとデイビスは、200人以上の性的虐待の「サバイバー」から話を聴き、背景が異なる女性たちの語りをつぶさに収めながら、「癒し」に至るまでの過程を描いたガイドブックとして本書を編んだ。

本書で注目すべきは、どの章にも、自分が今どの地点にいるのかについて整理するための詳細なチェックリストが付されている点だ。「子どもの頃の性的侵害チェックリスト」から始まり、「今、自分はどの地点にいるのか」について段階を追って確かめられる。

第1章では、性的虐待が自分にどのように影響しているのか自己点検し、それに対処するために、どのような「サバイバル行動」をしてきたのかを再評価する「心の棚おろし作業」の方法について書かれている。「心の棚おろし作業」によって心の傷を認めるところから、「癒しの過程」は始まる。第2章では、「自分を癒す決意」を行い、誰もが癒される価値があるのだということを確認する過程が詳しく書かれている。性的虐待によって、苦痛に満ちていた記憶と向かい合い、時間をかけてその記憶を取り戻す作業を行うことで、自分の内に秘めてきた苦悩を解き放つと、沈黙していた「サバイバー」たちは、語り出し、内なる自己を癒し、魂や精神のよりどころを見出すという。第3章では、自分の身体、親密な関係、セックス、子育てと親業、実家との関係、カウンセラーやサポートグループのことなど具体的な場面について言及しながら、「自己変革」ともいえる行動パターンの変化を通じて自尊心と内なる力を養ってゆくことで起きる「癒し」について書いてある。また、第4章では、支援の基本について確認し、家族やパートナーなど、親密な関係にある人々との関係がどのようにあるべきなのかについてまとめている。

しかし、第5章では、「サバイバーへの攻撃」がとりあげられている。1990年代に入って、一部のマスメディアや学者によって、性的虐待を受けた「サバイバー」や支援者への執拗な攻撃が行われるようになった。「サバイバー」の訴えを「偽りの記憶」とし、彼女らの記憶を否定しはじめる人々が現れたのである。本書では、そうした「反動（バックラッシュ）」に対して一つひとつ丁寧な検証を重ねている。そして、勇気を出して声をあげた「サバイバー」たちによって、それまでに見えなかった性的虐待の事実が明らかになり、一度明らかになった真実はもう隠せないと宣言する。

本書は、バックラッシュを経てもなお、「性的虐待」を生き抜いた人々が尊厳をもって生きるためのガイドブックとしての意義をもち続けている。

（岩川ありさ）

自分ってなんだろう？

下平　武

『ブッタとシッタカブッタ』シリーズ

小泉吉宏著、メディアファクトリー、2003年〜

今回、一連のシリーズを読み返してみて、どのように本書を紹介すればよいのかと大変に腐心した。私はこのシリーズに深く影響を受けたのだけれど、本書の特徴はなんと言っても、ブタさんたちの悩み多き日常を通して、私たちのさまざまな悩みや苦しみを生み出す「こころ」の仕組みや在り方が4コマ漫画でユーモラスに表現されていることと、登場人物のひとりであるブッタが「言葉は思い込みをつくる悪いクセじゃ悪いクセじゃ」というように、読者がそれぞれに気づきを得ることを狙いとしているからだ。本書を読んで悟れるわけでも、悩みがたちどころに解決するわけでもないということをあえて確認をしておきたい。

さて、小学生の頃、私は学校に行ったり行かなかったり、クラスの全員と喧嘩をしたり、テストを白紙で出して廊下に立たされたりしていた。ちょうど、お酒を飲むと暴れん坊になる母親から祖父と祖母に引き取られ、転校してきた3年生の頃だ。両親の離婚やいろいろなことで心がごちゃごちゃしていて、何かに八つ当たりをしていたのか、あるいはかまってほしいのか、尊重されたかったのだろうかと今になって思う。とはいっても当時の私はそんなふうには感じない。気に入らないことがあったら、見当違いに怒鳴っていた。結局、学校では嫌われてしまったので、休み時間は学校の図書館に行ってひとりで本を片端から読んでいったのだけれど、1年も経つと飽きてきた。「これでいいのだろうか。本当はみんなと仲良くしたいんだけどな」

——そんなふうに思い始めた頃、図書館で出合ったのがこのシリーズだった。

魚がとれなくても　漁師は海に怒らない（『ブッタとシッタカブッタ②』）

読んだときに衝撃を受けたのを今でもよく覚えている。ごたごたのなかで生きてきた自分にとって初めて自分自身と向き合う時間だったからだ。恥ずかしながら友達がいなくなって初めて、なぜ自分の周りから人が去っていったのかを考えた瞬間だったのだ。今でこそ「善くなろう」という自分の気持ちもまたエゴであると感じるが、当時の私は「自分を見つめる」という経験が新鮮で、怒らないようにしてみたり、親切にしてみたり、とにかく今までの自分の悪かったと思うところをひたすら直してみた。結果、友達も増えて学校に行くようになり、以前よりも楽しく日々を過ごせるようになったのだが、「友達がいること」「学校に行くこと」がいいことだと、ここで言いたいわけではない。そうではなくて、挫折をするたびに本書を読んできた私がひとつ言えることがあるとするならば、自分と向き合うことで本当の自分が見えることがあるかもしれないということだ。

本書は宗教の本ではない。先述のとおり、ブッタは本書の案内役である。主人公は2人いて、「シッタカブッタ」という辛い恋の経験をきっかけに、人の悩みや幸福、不幸や悲しみ、怒りの正体を探す旅に出たかわいいブタさんと、その旅の同伴者のもうひとりの主人公は、読み手である、あなた自身だ。

悩み多き、わが人生。肩書きや性別、性自認、性的指向、国籍、学歴、容姿、収入、さまざまな価値判断や分類がなされ、恋愛や人間関係、他者からの評価など悩みが尽きないなかで、自分がわからなくなって疲れてしまったとき、お茶でも飲みながら、かわいいブタさんと一緒に、背伸びをしないそのままの自分を見つける旅に出てみてはいかがだろうか。

家族が家族であるために、血縁より大切なもの
『ウーマン ラブ ウーマン』『キッズ・オールライト』

結婚→出産→子育てという、世間では当たり前のように言われているこのコースをたどることは、セクシュアルマイノリティにとってはとても難しい。だが、こと出産に関しては、レズビアンが最も取り組みやすいかもしれない。自分の健康な体があるなら、あとは精子をどこかで調達すればいいからだ。

『ウーマン ラブ ウーマン』は、1961年、1972年、2000年の3つの時代に、同じ家に住んだレズビアンたちのエピソードを描いた、アメリカのテレビ映画である。2000年を舞台にした第3話では、妊娠・出産に挑戦するレズビアンカップルが主人公として登場する。精子を入手する手段として、彼女たちはゲイカップルからの精子提供の方法を探るが、親権の問題で折り合いがつかない。今度は精子バンクを利用し、何度目かの挑戦の末、ついに妊娠に成功。二人が狂喜乱舞するところで、この映画は終わる。

一方、『キッズ・オールライト』は2010年公開のアメリカ映画だが、ここでは時代はさらに進んでいる。主人公のレズビアンカップルは結婚しており、精子バンクを利用してそれぞれ1人ずつ子どもをもうけ、4人家族として暮らしている。その子どもたちが成長してきて、ひとつの問題が起こる。子どもたちが、血のつながった父親に会いたいと考え始めるのである。4人家族の暮らしのなかに、家族をもたず自由に振る舞う"父親"が現れて、彼女たちの家族関係が揺らぎ始める。けれども、結局彼女たちはお互いの大切さを再確認し、家族としての結束を取り戻す。さまざまな苦難をともに乗り越え、信頼関係を築いてきた約20年間が、血縁に勝った瞬間である。

さて、日本の現状はというと、2015年になってようやく2000年頃のアメリカの状況に近づいてきていると言えるかもしれない。最近、私の周りではちらほらレズビアンマザーを見かけるようになってきた。もちろん、同性同士のパートナーシップを保障する法律がない日本では、未婚のレズビアンが出産すればシングルマザー扱いだ。けれども、女性が出産できる年齢は限られている。社会制度が追いつくのをぼんやり待っているわけにはいかないのだ。

「血縁関係がなければ家族とは言えない」——そんな意見を尻目に、レズビアンたちは助け合いながら、"家族"の実態をつくり始めている。家族とはいったい何か、改めて考えるべきときが来ているように思う。 （山賀沙耶）

第5章　より深く知りたい人のために

Lovely Great Book Tour

自分の軸や立ち位置を見極める羅針盤

第5章は、まさに『にじ色の本棚』の屋台骨。ここで紹介する本は、性について深く論考したものばかりで、著者が自分の生きざまをかけて書いた作品といえます。難しいと感じる著作もあるかもしれませんが、さまざまな論点を知ることは、ほかの本に書かれているトピックについて、より深く理解する第一歩です。また、いま世の中で日々起きている事象に流されたり、翻弄《ほんろう》されがちなわれわれにとって、自分の軸や立ち位置をしっかりと見極める羅針盤ともなるでしょう。

本章でとりあげたもののほかに、古くは、現代のＬＧＢＴの生き方や人権課題を考えるうえで欠かせない著作として、フランス革命の理念を女性にも拡げようとしたメアリ・ウルストンクラーフト『女性の権利の擁護—政治および道徳問題の批判をこめて』*1、シモーヌ・ド・ボーヴォワール『第二の性』*2、ミシェル・フーコーの遺作となった『性の歴史』三部作*3やインタビュー集『同性愛と生存の美学』*4があります。

また、「個人的なことは、政治的なこと」というだけあって、女性詩人の綴る女性論は感性に訴える効果があります。アドリエンヌ・リッチは『女から生まれる—アドリエンヌ・リッチ女性論』*5で、体験としての母性と制度としての母性を詩人の眼で俯瞰《ふかん》し、公／私の間の高い壁をふわっと跳び越えましたし、『血、パン、

*1 1792／邦訳1980、未来社

*2 1949／邦訳は新潮文庫、人文書院など

*3 1976−1984／邦訳は『Ⅰ 知への意思』(1986)、『Ⅱ 快楽の活用』(1986)、『Ⅲ 自己への配慮』(1987)、新潮社

*4 1977−1985に仏・米の雑誌に掲載された対談および小エッセイ／邦訳1987、哲学書房

*5 1976／邦訳1990、晶文社

詩。―アドリエンヌ・リッチ女性論[*6]の随筆でも「レズビアン連続体」や「強制的異性愛」など、言葉を自在に駆使して女性論を展開しています。ほぼ同時代のアフリカ系アメリカ人オードリー・ロードもレズビアンの詩人ですが、邦訳は『ザミ私の名の新しい綴り』[*7]という短編のみです。

1980年代以降の理論書としては、男同士の力学が、女性嫌悪と同性愛忌避で成り立っていることを解き明かしたイヴ・K・セジウィック『男同士の絆―イギリス文学とホモソーシャルな欲望』[*8]とジュディス・バトラーの『ジェンダー・トラブル―フェミニズムとアイデンティティの攪乱』[*9]を一緒に読むといいかもしれません。トランスジェンダー力学に関しては、ケイト・ボーンスタインの『隠されたジェンダー』(154頁参照)と、パトリック・カリフィアの『セックス・チェンジズ』(154頁参照)をセットで読んではいかがでしょう。それというのも、カリフィアが自著のなかで、ボーンスタインの『隠されたジェンダー』の批判的考察をしているからです。

上記を含めたフェミニズム理論の系譜をもっと知りたい方は、これ一冊でわかる江原由美子、金井淑子編『フェミニズムの名著50』[*10]の解説をぜひ参考にしてください。

90年代のクィア・ムーヴメントの流れのなかで

日本でも、同性愛者団体「アカー」のメンバーによる「アイデンティティ研究会」の活動を基盤として、1990年代より「ゲイ・スタディーズ」の取り組みが始まりました。1999年には、伏見憲明編集の雑誌『クィア・ジャパン』[*11]が創

*6 1986/邦訳1989、晶文社
*7 1982/邦訳1997、『私の謎』「世界文学のフロンティア5」に収録、岩波書店
*8 1985/邦訳2001、名古屋大学出版会
*9 1990/邦訳1999、青土社
*10 2002、平凡社
*11 1996―2001、勁草書房

刊され、さまざまなテーマの特集が組まれました（5号まで発行）。

2007年からはクィア学会がスタートし、『論叢クィア』と題した論文集を発行（7号まで発行）していましたが、運営上の問題で2015年に活動を休止しました。一方、1999年には、GID（性同一性障害）研究会が発足（2006年より「GID学会」に）。2008年より雑誌『GID学会』を発行しています。1985年発足の日本解放社会学会が発行する『解放社会学研究』でも、たびたびセクシュアルマイノリティについての特集が組まれています。

書籍では、（J・）キース・ヴィンセントほか『ゲイ・スタディーズ』[*12]、クィア・スタディーズ編集委員会編『クィア・スタディーズ'96』[*13]、同『クィア・スタディーズ'97』[*14]、田中玲『トランスジェンダー・フェミニズム』[*15]、竹村和子『愛について—アイデンティティと欲望の政治学』[*16]などが刊行されています。

セクシュアルマイノリティの活動の歴史を刻むミニコミ誌

インターネットが普及する以前の時代には、ミニコミ誌も書籍と並ぶ重要なジャンルでした。

女性解放運動の影響を受けた日本のレズビアンによる『れ組通信』は、1987年から月1回発行され、294号まで続きました。2013年に発行元の「れ組スタジオ・東京」が事務所を閉じ、現在オンライン媒体のみとなっています。通信を読むと、1980年代から、東京のレズビアンコミュニティでどんな話が交わされていたかがみてとれます。また、『「レズビアン」である、ということ』（22頁参照）の著者、掛札悠子が1992年に創刊した『ラブリス』とその進化版『ラ

*12 1997、青土社
*13 1996、七つ森書館
*14 1997、七つ森書館
*15 2006、インパクト出版会
*16 2002、岩波書店

ブリスダッシュ』は、有料文通欄があって人気でしたが、転送に手間がかかりすぎて2年ほどで廃刊となっています。「LOUD」は、1995年に設立されたレズビアンとバイセクシュアル女性を中心としたコミュニティスペースで、会員向けに『LOUD NEWS』を発行、現在に至っています。

1994年には虎井まさ衛が、トランスセクシュアルの当事者・研究者・支援者に向けたミニコミ誌『FTM日本』を発行しています。

関西では、1994年に「G-FRONT関西」が結成され、機関誌『Poco a poco』を発行。また、1987年発足のゲイコミュニティ「OGC」が『OGCにゅうす』（平野広朗編）を発行しています。

ゲイを中心としたミニコミ誌では、1979年結成の「ジャパンゲイセンター（JGC）」発行の『GAY』（8号まで）と『CHANGE』（2号まで）があげられます。

ゲイ男性向け媒体は、『薔薇族』[*17]（現在復刊）、『アドン』[*18]『さぶ』[*19]（いずれも廃刊）などの商業誌が中心でしたが、時代とともに、社会の動きを知らせる『Badi』[*20]などの雑誌が創刊されました。

レズビアン向けの商業誌も、『フリーネ』[*21]『Carmilla』[*22]『アニース』[*23]など、いくつかありましたが、いずれも数号で廃刊となりました。現在は、『Novia Novia magazine』[*24]が発行されています。

＊17　1971―2004、第二書房、2005復刊、その後2度の休刊を経て、現在も刊行
＊18　1974―1996、砦出版
＊19　1974―2002、サン出版
＊20　1994―、テラ出版
＊21　1995、2号で廃刊、三和出版
＊22　2002―2005、ポット出版
＊23　1996、休刊を挟み刊行されていたが、2003に再び休刊、テラ出版
＊24　2012―、Novia Novia

歴史をひもとくなかで見えてくるもの

『レスビアンの歴史』

リリアン・フェダマン著／富岡明美＋原美奈子訳

私の関心は、個別に、または集団で、変わりゆくアメリカン・ライフを泳いできたレスビアンたちの変遷と、その多様性なのである。

アメリカ合衆国における、19世紀末から１９８０年代のおよそ１００年間にわたる「レスビアン」の歴史を綴った大著である。この本は、女性同士の「ロマンティックな友愛」が花開いた１９００年代前後の時期から始まる。登場するのは中産階級以上か、良家に生れた女性たちで、教育を受け、経済的に自立し、女同士での暮らしを営んだ。だが折しも時代は性科学者が、女を愛する女は異常だと位置づけ始めた頃。だからこれ以降の時代は、医学や科学によって貼られた負のレッテル、それが行き渡った社会における差別や排除とのたたかいの歴史でもあった。

この本に書かれているのは、アメリカ合衆国での出来事だから、それがすべて他の国や地域にも当てはまるというものではない。けれども、レズビアンたちの生を考

筑摩書房、1996年

えるにあたって、重要な点がいくつか示されている。

そのひとつは、レズビアンとして生きていくことは、当然ながら、その生活を営む国の社会や政治の状況に大きく左右されるということ。たとえば、1920年代には都会の開放的な文化のなかで、コミュニティが形成されていくようになるが、大恐慌に続く30年代の不況のなかでは、女性が生活のために結婚を選ぶことを余儀なくされたこともあって急激な後退が起きる。「異常性愛」を扱った小説や映画の検閲が盛んになったのもこの時期だ。そして第二次大戦が始まって国内の男性の数が少なくなり、女性の労働力が重要になってくるとレズビアン差別も緩和される。

しかし大戦後は、冷戦の緊張が高まりゆくなか、国内の秩序を回復するという名目で、共産主義者、同性愛者に対する迫害が全国規模で展開される。著者によれば、この時代を体験した（インタビュー当時）60代後半以上の女性たちは、その傷を持ち続けており、またいつかレズビアンであることを理由に年金を止められるといった迫害が起きるのではないかと恐れていたと紹介される。

もうひとつ注目したいのは、女を好む女たちをひとくくりに「レズビアン」とすることの不可能さ。とくに、人種、階級、経済状況などによって、社会のなかでどのような立場にあるかで、コミュニティのあり方やその文化も大きく異なることだ。たとえば1950～60年代、労働者階級のレズビアンたちの間では、いわゆるブッチ・フェムのスタイル（前者が男性的な、後者が女性的な服装やふるまいをするレズビアンのことを指す）が主流であったが、中産階級ではより規範的な女性らしい服装が好まれ、ブッチ・フェムなどは異性愛の真似事にすぎないと退けられていた。だがこれは単なるスタイルの違いなのではなく、互いにそれとわかるような恰好をしてバーに集まり仲間を探すしかなかった労働者階級と、バー以外の場所で集まる余裕があった中産階級との間の経済的格差を示すものでもある。

歴史をひもとくなかで、それぞれの時代や場所、社会的立場によって「レズビアン」たちがそれぞれに異なることがわかるだろう。今ここではない時間や場所について思いを馳せることは、ひるがえって自分の暮らす社会について考えることを促す。それはレズビアンにとってより生きやすい環境を創り出すための一歩となるかもしれない。

（佐々木裕子）

レズビアンであることにポジティヴな意味を与える

『レズビアンである〈わたしたち〉のストーリー』

飯野由里子著

「レズビアンであること」の意味を転換し、それを〈わたしたち〉という集合性のあり方や生き方として語ろうとした。

生活書院、2008年

レズビアンとは、女性の同性愛者を指す言葉とされる。そして女性も同性愛者もこの社会でより劣った位置におかれている。これに対する抵抗の運動も繰り広げられてきたものの、女性たちの運動やその研究のなかではレズビアンがおかれてきた状況への焦点が十分にあてられてきたとはいえないし、一方で同性愛者たちの運動・研究のなかではしばしば女性の同性愛者の存在が見落とされてしまう。

この問題を出発点としながら、この本では、まず米国のレズビアンとゲイの運動の歴史を参照し（第1章）、続いて、日本のウーマン・リブのなかで生まれた「レズビアン・フェミニスト」たちのストーリー（第2章）、1980～90年代の在日コリアンと日本人のレズビアンの関係にまつわるストーリー（第3章）、1980年代以降の「エイズ危機」におけるストーリー（第4章）を、レズビアンたちによって発行されたミニコミ誌を手がかりに、読み直していく。

偏見や差別にさらされているレズビアンたちが、〈わたしたち〉による〈わたしたち〉の物語を語り直すこと。それは「レズビアンであること」に与えられてきたネガティヴな意味（たとえば病気だとか、倒錯だとかいうもの）を、ポジティヴな意味へと変え、〈わたしたち〉の生き方・あり方なのだと宣言していくことでもある。そしてこれは、一方的に与えられた差別的・否定的な物語をただ受け容れるのではなく、そのことに対抗する新しい肯定的な物語を語っていくという営みとなる。

けれども、〈わたしたち〉「レズビアン」というカテゴリーを打ち立てることには危険な面もある。ひとつには〈わたしたち〉とそうでないもの、という区別が生まれ、そうでないものの排除が起きてしまうこと。もうひとつは、〈わたしたち〉の同じ部分や共通点だけが注目されることで、〈わたしたち〉のなかにある違いや、違う者たちの間に横たわる力関係が見過ごされてしまうこと。

〈わたしたち〉としての語り方、たたかい方には光と影の両面がある。レズビアンであることにポジティヴな意味を与えること、安全な場をつくっていくこと、そのなかで生まれる問題や葛藤、自分たちが行ってしまった排除への反省、それらの営みを重ねながら、日本のレズビアンたちは実に多くのことを切り拓き、築いてきた。

だが、日本におけるレズビアンたちの活動やコミュニティについての振り返りは、まだまだ十分になされているとは言えない。その一方で、インターネットから発信される最先端のサービスやライフスタイルを追うことだけが、何かクールなことのようになってしまっている風潮すらある。

顔を合わせて交流・対話することができるはずの世代のストーリーを、今を生きる〈わたしたち〉はどれだけ知っているだろうか。過去を忘却の彼方に追いやるのではなく、そこから教わり、今を未来を築いていくための、重要なヒントと可能性がちりばめられた一冊である。

（佐々木裕子）

編者注：レズビアン団体のミニコミ誌資料を分析した労作である本書は、資料の編集発行者と記事やイラストの著作者の同意を得られないまま出版され、素材の無断使用や不適切利用に対して複数の抗議が寄せられた。アイデンティティを共有する研究者と運動体の、ピア目線での協働に禍根を残したのは残念である。本件がきっかけとなり「日本クィア学会の会員有志によるワーキング・グループ」が「ピア調査」の研究倫理をまとめている。http://ci.nii.ac.jp/naid/120005464246

「同性婚」を真に次の時代の議題とするために

『同性パートナー――同性婚・DP法を知るために』

赤杉康伸ほか編著

我々の求めるものは（中略）尊厳をもって生きるための権利であり、さらには多様な性を生きる者を抑圧する制度の改革である。

社会批評社、2004年

2015年の春、同性間の制度保障は人権問題のトレンドにおどり出た。とはいえ、議論の中心は「同性婚」は是か非か、法的にそれは禁じられているか否かである。残念ながら、既に法的に同性婚は禁じられている。「性同一性障害者の性別の取扱いの特例に関する法律[26]」――略称GID特例法の存在でそれは明らかだ。

性別を変更する際には要件が提示されているが、その中に「現に婚姻していないこと」がある。理由は簡単だ。女性と結婚している男性が女性に戸籍を変更すれば、女性同士の婦々《ふうふ》が成立してしまう。それは同性婚となってしまうために禁止される（逆もまた同じ）。現代日本に同性愛を禁じるソドミー法[27]はないが、同性婚は明確に禁じられている。

この法律が成立する際に同性愛者からの反対運動が起こらなかったのは今では考えにくいが、2003年当時ほとんど声が上がらなかった。それどころか声を上げたら「人の足を引っ張る」となじられた。当時、異議を申し立てたわずかな人間のうちのひとりが私であり、この疎外と敗北を糧にして出版されたのが『同性パートナー―同性婚・DP法を知るために』だ。

とはいえ、今も昔も私自身はまっすぐに「同性婚」の成立を目指していたわけではなく、フェミニストとして「戸籍制度強化につながるなら同性婚もビミョー」と思っていたので同性婚わっしょいな内容にはならなかった。その辺りの経緯と思いが一致していた3人が編著者になりました。

内容も戸籍問題、海外事情、養子縁組、公正証書作成と多彩で、今こそ読まれるべき同性間の制度保障を巡る議論のたたき台として充分機能しうる内容であると自負している。が、最近よく言われるのは「10年早かったよね」という言葉だ。出版当時はあまり反響も呼ばなかったし、3人の編著者が今でいう「同性婚キラキラ」ではないので渋い議論が中心になってしまってカタルシスを得られなかったのが原因ではないのか、と思っています（つまんねーからだよ！という人もいるでしょうが）。

最近の「同性婚」運動の盛り上がりの余波は私のところにまで打ち寄せ、「同性間の制度保障」についてのワークショップなどを依頼されることも出てきました。当然、本書の内容を踏まえた話になるのですが、10年前と変わらず「同性婚が盛り上がる話」を期待されているようで、「パートナーシップに代表される家族制度を解体して、シングル者の人権を尊重する方向性もある」というような話をすると「同性婚に反対するホモフォビアのゴミ」を見るかのような視線にさらされたりするので、きつい。

それでも、婚姻届を出す女性カップルが現れたり、虫のいい無理筋解釈だろうと「婚姻は両性の合意のみによって成立」という憲法24条の解釈が話題になったりしているのだから時代はゆっくり進んでいるのだと思います。「ウエディングドレス着て祝福されたい。キャハ☆」から先の具体的な政策の中での位置づけなどに踏み込んでいくために、次の時代を呼び込もうと思っている人のために、本書が役に立ちますようにと願ってやみません。

（土屋ゆき）

過去を知ることは未来の創造につながる

『同性愛と異性愛』
風間孝＋河口和也著

同性愛の問題を（中略）
異性愛の社会あるいは
異性愛の人々の問題と関連づけて
問いかけてみたい。

岩波新書、2010年

この本には、日本で起こった同性愛に関する出来事、とくに1980年代以降のことが書かれている。たとえば、次のようなことだ。

●厚生省（現・厚生労働省）は、血友病患者でエイズによって亡くなった人がすでにいることを知っていたのに、「アメリカ在住の日本人男性同性愛者」を「エイズ一号患者」だと発表した（1985年）。

1989年には、HIV感染者やエイズ患者を監視・管理する法律（いわゆる「エイズ予防法」）が制定された（1999年廃止）。たとえばこの法律では、HIVを感染させたと認められる者がさらに多数の者にＨＩＶを感染させるおそれがあることを医師が知り得れば、名前などを都道府県知事に通報し、知事は感染に関する診断を受けることを勧告できた。そして、勧告に従わなければ、受診を命令でき、命令に従わなければ罰則まであった。

一方、エイズは、生活や関係性のあり方を考えていくきっかけになり、ゲイのコミュニティ形成に非常に大きな役割を果たした。

●東京都が、同性愛者団体が都立の宿泊施設を利用することを拒否した（1990年、府中青年の家事件）。利用を断られた同性愛者団体は、6年にも及ぶ裁判を闘い、東京都に第一審、第二審ともに勝訴した（1991〜1997年）。

●男性同性愛者が出会いを求めて集まる場所で、少年グループ（成人男性1人含む）が男性の命を奪った（2000年、新木場事件）。少年たちは、同性愛者を狙って暴行・強盗事件を連続して起こしていた。成人男性に対する裁判では、「同性愛者は襲われても被害申告しない」と考えて犯行に及んでいたことが認定された。

さて、ご存じのことはどれぐらいあっただろうか。

この本の著者たちは、「ほんの20〜30年前の出来事がある世代を境に知られることもなく、また何を意味していたのか振り返られることなく、埋もれようとしている」と言っている。この本が出版されたのは、2010年だ。現在までさらに時が経ち、ますます知らない人が増えていることだろう。

過去に起こった出来事を知ることは、今起こっていることについて考えるときに役立つ。想定しておくべき危険がわかることもあるだろうし、希望を知ることができることもあるだろう。そしてそれは、未来の創造につながる。

著者は、「同性愛者であることが肯定される社会とは、異性愛者にとっても自らの性と生のあり方を表現でき、お互いを認め合える社会であるはずだ」と言う。ずっしりと中身の詰まったこの本を読んで、どのような社会を創造していくかを考えてほしい。

なお、著者は、この本は女性同性愛について触れてはいるが、男性同性愛にかかわることが大部分であり、それがこの本の限界だと認めている。このように違いや限界をごまかさないことは、互いを認め合ううえでとても大切なことである。

（森　あい）

科学と歴史からみた同性愛・異性愛

『クィア・サイエンス—同性愛をめぐる科学言説の変遷』
サイモン・ルベイ著／伏見憲明監修／玉野真路＋岡田太郎訳

『〈同性愛嫌悪（ホモフォビア）〉を知る事典』
ルイ＝ジョルジュ・タン著／金城克哉監修／齊藤笑美子＋山本規雄訳

われわれの性的指向は、（中略）人生を大いに特徴付け、活気づけることで、それぞれの人生をかけがえのないものにする一助となっている。
（『クィア・サイエンス』より）

日本でも同性婚をめぐる議論が交わされるようになってきた。しかし精神医学や心理学の専門書ですら、いまなお同性愛に関して古い誤った説明や、同性愛嫌悪が混じった説明もある。それらに振り回されないためにも、同性愛について科学や歴史から冷静に学ぶことは重要である。そうした観点から一般読者に向けて、この2冊は読みやすく書かれている。

ある人が同性愛、異性愛あるいは両性愛になるのを決定しているのは何だろうか？　——これが『クィア・サイエンス』のテーマである。この問題が大きな関心を引

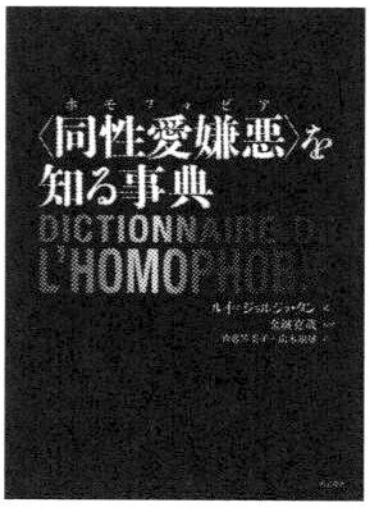

明石書店、2013年

勁草書房、2002年

いてきたのは、社会が同性愛者をどう扱うべきかという課題と深くかかわってきたからである。神経生物学者であるルベイは、科学者として慎重に説明を進めている。同性愛者の幼少期の育児やその後の経験の研究、さまざまな「治療」の失敗、などに基づけば、環境や学習による後天説には科学的根拠は見出されない。未解明のものも含め複雑な要因がからむが、遺伝、ホルモンなど生物学的研究の成果から、皮膚や目の色と同様に、同性愛は生得的とする説明が有力であると示される。

後半では、「自然に反しているか?」「病気か、それとも健康か」「科学と法律」などの章があり、科学の功罪やそれを取り巻く社会のあり方を問い直す。関心のある章から(だけ)読み始めることもできるようになっている。

1990年にWHOは精神疾患のリストから同性愛を除外した。この5月17日を記念してIDAHO(国際的反同性愛嫌悪の日。日本では「多様な性にYESの日」)としたのが、『〈同性愛嫌悪(ホモフォビア)〉を知る事典』の著者であるルイ=ジョルジュ・タンである。そこに至るまでには、古代からの長い歴史があり、差別や偏見とそれらに対抗しようとする運動の蓄積がある。書名は『同性愛嫌悪を知る事典』だが、バイセクシュアル嫌悪(バイフォビア)、トランス嫌悪(トランスフォビア)も内容に含む。古代ギリシャの同性愛関係、中世の異端審問、ナチス等による強制収容[28]、チューリングの悲劇[29]、ストーンウォール事件[30]、などを経て、近年の同性愛者の子育てや同性婚の法制化につながる歴史をたどることもできる。目次には、世界各国・地域の状況、キリスト教・イスラム教・仏教といった宗教、学校・軍隊・刑務所などさまざまな場、関連の研究分野、音楽・映画などの芸術、自殺・エイズなど関連事項、といったあらゆる領域が並ぶ。

原著は2003年にフランスで出版された。大著であり、著者の探究心と博識のたまものであろう。領域が広範なこともあり、ようやく2013年に668ページにわたる日本語訳が出版された。しかしその間の重要事項については項目ごとに補遺が付けられており、決して古くなっていない。末尾の日本語版解説「本書を性的マイノリティについて考えるきっかけに」には、2003年から2012年の日本と世界の動向が詳しく解説されており役立つ。まずは、自分がいま知る必要がある項目、関心の深い項目から読み始めればよい。関連項目が示されているので、それをたどれば全体像へと導いてくれるだろう。図書館に備えたい2冊である。

(岩本健良)

パレード今昔物語――変わるもの変わらないもの

『パレード――東京レズビアン&ゲイパレード2000の記録』
砂川秀樹監修

「その時代その時代に、
いろんな人が模索して作り上げたパレードだから、
別にいいいんじゃないかな。」

ポット出版、2001年

この原稿を書き始める朝、夢を見た。冒頭に挙げた一文を座談会の中で口にした春日君が出てきた夢である。相変わらず理知的なジャニ系といった若々しい容姿で、現行のパレードのオブザーバー的な立場として再会した。「ああ、がんちゃんに会えた。うれしい。夢じゃないのか」と思ったら、夢だった。泣けた。私と同じく2001年に実行委員を務めた春日君は既に故人なのだ。もし、本書を手に取ることがあれば彼がコミュニティで大きな役割を果たしたことを心に留めてほしい。

本書が扱った2000年の東京パレードの翌年の「東京L&Gパレード2001」実行委員を春日君や同じく座談会に登場する野宮さんとともに務めたが、まあ大変であった。一般企業がじゃんじゃんスポンサーになってくれる時代ではなかったので、資金集めは困難を極め、広報のほうも何とか作った案内のリーフレットをゲイバーに持っていっても門前払いというのは珍しくはなかったと記憶している（なぜかレズビアンバーは好意的なところが多かった）。

東京のパレードの呪われた（！）歴史的経緯もあって、レズビアンの気持ちをパレードに引き戻すのは大変だった。「ここの実行委員会に責任はないが、『レズのくせに何をしやがるのか』とかパレード実行委員に言われたレズビアンの気持ちを知れー！」とワタシが叫び（誇張）、レズビアン主体のフロートの選考などを巡って春日君とメールグループ上で再三、阿鼻叫喚な感じでやりあい、本書巻末に次期実行委員長としてメッセージを寄せている福島光男さん（みっちゃん）に「あんたたちー、もうやめてー！」としょっちゅう悲鳴を上げさせていた（こっちは事実）。

まあ、それも今となっては良い思い出ということで！（良くない）。

本書は対談や豊富な写真と共に当時のゲイ雑誌や黎明《れいめい》期のネットの個人サイトなどにあった参加者の感想で構成されています。読んでみると現在の東京パレードを知っている人には若干の違和感があるかもしれません。ゲイ男性以外の人々の存在感が薄いのです。今年（2015年）、当日のみのパレードボランティアをして、これが一番変わった点だなと思いました。女性に見える人やトランスジェンダー、セクシャルマイノリティでない支援者の参加が前面に出てきて「見える」ようになってきました。これが15年という年月が作りだした「今の時代」のパレードの姿なのでしょう。

変わらないのは運営が変わっても相変わらず駅前を歩かせてくれないパレードルート、華やかなフロート（山《だ》車《し》）、化粧崩れの激しいドラァグクイーンといったコンテンツ本体です。そして参加者の満開のハイな笑顔！

読み返すと今となっては「アンタよくそんなこと言えんね」という現体制パレードへの実行委員大量離脱という2つ目の呪いの原因に思いをはせざるを得ませんが、私がこだわるパレードにかかった呪いを中心とした外史とは違った正史としての本書を読むことで当時の参加者の熱い思い空気を感じるはずです。パレード草創期の場を作る熱い思い、参加することの喜びの根源に触れられると思います。

（土屋ゆき）

イとレズビアンコミュニティや文化のさまざまな側面について調査している。最近では、阿部ひで子が『Queer Japanese』で、レズビアンバーやゲイ雑誌の文通欄などにおける言語を分析している。その他、個人の回想録や伝記のなかにも現代日本のLGBTについて語るものがいくつかある。さらに、新進気鋭の学者によるXジェンダーや男装カフェの研究や、若いゲイと現代メディアとのかかわりについての分析等があり、今後、LGBTについての英語の文献が数多く発表されることが期待される。本文で紹介できなかった本を以下に掲載する。

歴史

- Leupp, Gary P.『Male Colors: The Construction of Homosexuality in Tokugawa Japan』
  （和訳：『男色の日本史：なぜ世界有数の同性愛文化が栄えたのか』）
- Watanabe, Tsuneo（渡辺恒夫）; Iwata, Jun'ichi（岩田準一）
  『The Love of the Samurai: A Thousand Years of Japanese Homosexuality』
  （岩田準一作『本朝男色考』に基づいている）

文学、翻訳集

- Miller, Stephen D.編
  『Partings at Dawn: An Anthology of Japanese Gay Literature』
- Summerhawk, Barbara; Hughes, Kimberly編
  『Sparkling Rain and Other Fiction from Japan of Women Who Love Women』

カルチュラル・スタディーズ

- Suganuma, Katsuhiko（菅沼勝彦）
  『Contact Moments: The Politics of Intercultural Desire in Japanese Male - Queer Cultures』
- Fujimura-Fanselow編
  『Transforming Japan：How Feminism and Diversity are Making a Difference』

回想録、伝記

- Birnbaum, Phyllis『Manchu Princess, Japanese Spy: The Story of Kawashima Yoshiko, the Cross-Dressing Spy Who Commanded Her Own Army』
- Ito, Satoru（伊藤 悟）; Yanase, Ryuta（簗瀬竜太）
  『Coming Out in Japan』
  （『男ふたり暮らし』と『ゲイ・カップル 男と男の恋愛ノート』の英訳）
- Izumo, Marou（出雲まろう）; Claire Maree『Love Upon the Chopping Board』
  （出雲まろう作『まな板のうえの恋』の抄訳＋新章）
- McLelland, Mark; Suganuma, Katsuhiko; Welker, James編
  『Queer Voices from Japan: First-Person Narratives of Japan's Sexual Minorities』
- Summerhawk, Barbara; McMahill, Cheiron; McDonald, Darren編
  『Queer Japan: Personal Stories of Japanese Lesbians, Gays, Bisexuals, and Transsexuals』

英語で読める日本のLGBTスタディーズ

ジェームズ・ウェルカー

現在では、日本のLGBTコミュニティや文化について英語で書かれた本が多数発行されている。「レズビアン」や「同性愛」などの近現代の概論は少なく、大部分は歴史に焦点を合わせた、「男色」や同性間の恋愛、性的行為や異性装などを扱ったいわゆる「歴史書」である。それらは、「LGBTスタディーズ」というよりも「性的多様性についての研究」と呼ぶべき成果かもしれない。学術論文も多数あるがここでは、英語の単行本を中心にいくつか紹介しよう。

優れた歴史書である『Cartographies of Desire』では、グレゴリー・M・フルーグフェルダーが、新聞と文学、裁判と法律文書、医学文書を分析し、江戸初期の「男色」から1950年までの同性愛に対する人々の考え方の変化をたどっている。『Queer Japan from the Pacific War to the Internet Age』では、マーク・マクレランドが戦後の「変態雑誌」や大衆メディアを調べて「ホモ」や「レスボスの愛」について描く。これを通して、LGBTの戦後と現代のアイデンティティや概念の発生を考察している。また、『Takarazuka』では、ジェニファー・ロバートソンが、100年にわたる宝塚歌劇団の歴史とともに、当初から見られた女性ファン同士や劇団員同士、またファンと劇団員との間での同性愛関係について迫る。

文学の研究においても、明治から昭和にかけての作品を対象としたものが多数出版されている。ジム・ライカートは『In the Company of Men』のなかで、近世から近代へシフトする明治時代における、趣味としての「男色」から病理としての「同性愛」の変遷について語る。また、『Writing the Love of Boys』では、ジェフリー・アングルスが大正から昭和初期にかけての「美少年文化」に光をあてる。さらに、J・キース・ヴィンセントは『Two-Timing Modernity』で、明治の夏目漱石から戦後の三島由紀夫まで、文学における男同士の連帯を、フェミニズムやクィア理論の枠組みを使って分析する。長池一美は『Fantasies of Cross-Dressing』で、戦後の森茉莉から現代のやおいまで、女性作家による女性読者のための「男性同性愛」について論じている。

現代の日本について焦点をあてるモノグラフは数少ないが、マーク・マクレランドの『Male Homosexuality in Modern Japan』とシャロン・チャルマーズの『Emerging Lesbian Voices from Japan』は、それぞれ日本のゲ

ゆるやかに性別を考え、自分を肯定する生き方

『トランスジェンダリズム宣言──性の自己決定権と多様な性の肯定』

米沢泉美編著

やはり「世間への注文」も一つくらいはストレートに挙げておこう。それは、「性別に対する認識をゆるやかに」ということにつきる。

社会批評社、2003年

「多数派」の人にとって、自分が「男性」であるのか、「女性」であるのかは自明のことであり、日常生活を送る上で問題が生じることは少ない。しかし、自分の性について、いつも違和感や拒絶感を持ち続けているとすれば、それは深刻な悩みとなる。本書が書かれたのは2003年。「性同一性障害」という言葉がマスメディアを通じて社会に浸透してきた時期だ。しかし、本書では、精神医学によって規定された「性同一性障害」に対して、社会、歴史、文化、身体など多義的な意味を含んで使われてきた「トランスジェンダー」という言葉を採用する。編著者の米沢泉美は、この言葉を、「ジェンダーを変更したり、変更したいと願っている人」という包括的な概

念として用いている。つまり、生まれたときに医学的・法的に割り振られた性と、「自分は男性なのか女性なのか」という性別認識が一致しないとき、「性自認」に合わせて性別を越境したり、ジェンダーそのものを超越して生きる人のことを「トランスジェンダー」という幅広い概念でとらえたのである。

本書では、「トランスジェンダー」という言葉が誕生した歴史的な経緯を丹念に整理しながら、医療、ケア、社会制度、他者との関係など、多岐にわたるトピックをとりあげている。第1章の概論を執筆した米沢は、第2章で、「トランスジェンダーの直面する問題」について、精神科やカウンセラーが不足し、保険の適用もなされない医療の問題点や、戸籍や住民基本台帳をはじめとして、制度的に性別を選ばされる状況について論じている。また、米沢は、メディアによって「トランスジェンダー」がどのように描かれたのかについて、テレビに登場する「ニューハーフ」ら、「そういう人たち」というイメージから、「深刻でかわいそうな人」としての「性同一性障害」のイメージに移り変わってきたことを明らかにしている。これに加えて、「不完全フルタイムトランス」生活をしているいつきは、就労の問題や性別移行における困難について、社会生活における具体的な事例をあげて検討する。そのうえで、いつきは、社会のなかで理解と共感を育みながら、権利を主張する必要があると指摘している。第3章では、三橋順子[31]が、日本神話のヤマトタケルからクィア・ムーブメントまで幅広い時代を視野に入れて「日本トランスジェンダー略史」を綴り、筒井真樹子はアメリカにおけるトランスジェンダー史を整理した。さらに、第2章のコラムで、畑野とまとはトランスジェンダーとセックスワークの問題を先駆的に取り上げている。

本書の最後に米沢はいう。社会のなかで「あらかじめ決められている自分の性別」があるのは確かである。しかし、それを自らの意思で変えることは自由でなければならないと。米沢は、社会とのかかわりのなかで自分を肯定して生きるための思考や感覚、生きざまのことをトランスジェンダリズムと呼ぶ。厳格に性別を規定するのではなく、ゆるやかに性別について考えること。本書で投げかけられているのは、厳格な性別二元論を基本とした「主流社会」自体を問い返すような問いである。

（岩川ありさ）

トランス・アクティヴィズムの過去・現在・未来

『セックス・チェンジズ――トランスジェンダーの政治学』

パトリック・カリフィアほか著／石倉由ほか訳

『隠されたジェンダー』

ケイト・ボーンスタイン著／筒井真樹子訳

あなたはおそらく、すでにトランス活動家だ。心より、ジェンダー革命にようこそ。
（『セックス・チェンジズ』より）

作品社、2005年

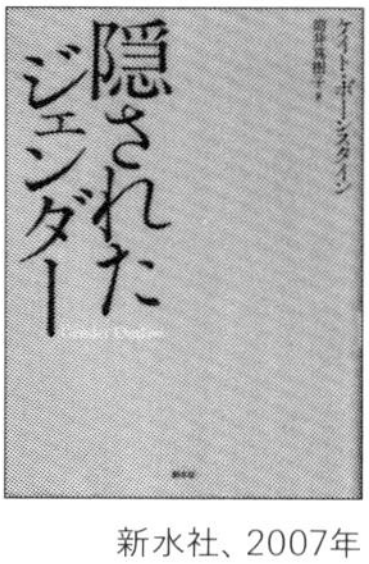

新水社、2007年

1980年代からレズビアンSMフェミニストとして活躍していたパット・カリフィアは、1997年に『セックス・チェンジズ』第1版を出版した。2003年に出版された同書第2版のなかで、カリフィアは、著者自身が男性ホルモン剤を投与し、性別適合手術を受け、第1版と第2版の間にセックス・チェンジを行ったと告白した。名前もパトリックに改めたカリフィアは、本書でラディカルな「トランスジェンダーの政治学」を展開する。

カリフィアは、1967年に刊行されたクリスティーヌ・ヨルゲンセンの自伝など「古典」となったトランスジェンダーの著作からはじめ、1995年に刊行されたケイト・ボーンスタインの『隠されたジェンダー』までとりあげ、幅広い視野からトランスジェンダーが置かれてきた歴史的な経緯について概観する。そのうえで、カリフィアは、「多様なジェンダー表現」とは、「病理」や「家父長制の産物」ではなく、「ジェンダーアイデンティティの多様性や社会的な性役割に対する基準概念に異を唱えること」にほかならならないという。

カリフィアは、本書が出版される1997年までの数十年、「身体の性別」を変えたいと望むトランスセクシュアルの多くは、社会的に受容されることを目指してきたという。医学や精神衛生の専門家、司法組織によって認められることを最終目的とするアプローチは、性別適合手術や戸籍の性別の変更を通じて、「二つの性別」のどちらかに自分を位置づけることを最重要課題としてきた。しかしカリフィアは、トランスジェンダーの歴史を丁寧に掘り起こしながら、これまで「男らしさ／女らしさ」という名の下にどのような抑圧があったのか明らかにする。そのうえで、ジェンダー革命を起こして性別二元論を瓦解させようとするようなアクティヴィズムも、性別適合を推し進め、二元論を支持する「公民権的アプローチ」も、その双方を同時に批判し、トランスジェンダーの政治をさらに切り開く必要があると指摘する。

カリフィアは、性別二元論を問いに付すジェンダー革命の系譜として、ボーンスタインの『隠されたジェンダー』（原著のタイトルを訳せば『ジェンダー・アウトロー――男性、女性、そして残りの者たち』）を中心的にとりあげる。カリフィアが急先鋒としてとりあげるボーンスタインは、『隠されたジェンダー』のなかで、ジェンダー・システムそれ自体を廃止しようと誘う。そして、ジェンダーによって規定された性的指向にかえて、グループセックス、SM、特定の年齢層や身体の形あるいは人種についての好みなど、ジェンダーを基軸とするのではない快楽のシステムをつくってもよいのではないかと提起する。この考えに対して、カリフィアは、ボーンスタインの提示している代替システムも、ジェンダーと同じかたちで配置されたならば、抑圧や差別となりうるかもしれないと指摘する。二人のやりとりは、ジェンダー・システムの強固さと変容可能性を示唆する。

トランス・アクティヴィズム[32]の過去・現在・未来を見つめながら、『セックス・チェンジズ』と『隠されたジェンダー』という2冊を同時に読むと、そこで提出された問いがいまだに問われていることに気づく。そのことに、私は、絶望し、希望を見出す。ジェンダー革命は今もまだ続いているのだと。

（岩川ありさ）

「女／男であること」をすること

『性同一性障害のエスノグラフィ―性現象の社会学』

鶴田幸恵著

私が本書で伝えたかったのは、性同一性障害やトランスジェンダーである人々は、「特殊」だということよりも、なによりもまずは、私たちの誰もが生きている、同じ性別秩序を生きているということである。

ハーベスト社、2009年

ジーンズにTシャツ。髪の毛はショートカット。アクセサリーはせいぜいが小さなネックレス。リュックを背負い、足元はトレイルランニングで固めている。そしてノーメイク。これがわたしの日常のいでたちである。およそ「女らしい」かっこうとは言えない。しかし、わたしはトランス女性であり、しかも、どちらかというとパス（望みの性別―わたしの場合は女性―で通用すること）派なのである。コンビニではレジ打ちの際に押される「年齢・性別ボタン」をさりげなく見る、いわゆる「コンビニチェック」を怠らず、結果に一喜一憂する日々を今も送っている。

そんなわたしが15年ほど前、男性から女性へと性別移行をはじめたときにやったこと。まずは、ワイルド&ダーティな服装を中性的なものに変えた。髪の毛を伸ばした。メガネをコンタクトに替えた。ヒゲのそり跡を隠すためにうっすらメイクをした。男性のアイコンを取り外し、女性のアイコンを身につけた。やがて経験を積むことで「パス」とは「自然であること」という自分なりの結論にたどりついた。人が振り返るほどの美人である必要はない。風景に溶け込み、二度見をされないこと。それで充分であると考えた。冒頭に述べたわたしのいでたちはその延長線上にある。

そういうわたしの「戦略」は、「いわゆる女装」とは方向性が異なるものと考えていた。女装者にはさまざまな人がいるということも、また、女装を否定しないという「政治的正しさ」も理解していたが、わたしは「女装者との差異」を意識する自分がいることを認めざるを得なかった。2002年、わたしは職務上の理由で診断書を発行してもらい、書類上は「性同一性障害」という診断名を付与された。だが、当時は医者よりも厳しい「診断」が当事者によって行われていた。あるとき、わたしの講演を聞いた当事者から「あなたはTS[33]ですね」と言われたとき、「なぜあなたに診断されるのか?」という疑問と同時に、妙な「認められた感」がわき起こってきたことを、今も忘れることができない。

本書は、こうしたわたしの経験にひとつの解答を与えてくれるものである。

本書は2部構成となっている。第1部は「『外見』以上のものを見る──『女／男であること』を見る」。ここで論じられているのは性同一性障害である人々が女／男だと見られるために行っている実践である。第2部は「成員資格としての『らしさ』──『正当』であるための基準」で、「正当な」性同一性障害カテゴリーに属するとみなしてもらうために行われている実践が語られる。これらを通し、「当たり前」とされている「女／男であること」と「女／男らしくあろうとすること」がどのような関係にあるかを解き明かす。

ちなみに、現在のわたしは、パスするかどうかギリギリの皮一枚のところでパスしようと思っている。なぜならそのような行為を通して、パッシング[34]の境界線そのものに疑問を呈し、攪乱《かくらん》したいからだ。そしてそれは、トランスジェンダーであるわたしだからこそできることと考えている。しかし一方、電車の中で本書を読みながら、「こんな本読んでるの見られたらバレるかなぁ」と、少々不安になるヘタレでもある。

（土肥いつき）

「いなかったこと」にしないこと

『女装と日本人』

三橋順子著

「誰かが私たちとこの世界（女装者と女装の世界）のことを
ちゃんと記録して残さなかったら、
私たちはいなかったことになっちゃう」

講談社現代新書、2008年

引用文は、著者・三橋順子が先輩「ホステス」から言われた言葉である。著者はこの言葉をきっかけに、日本における「性別越境」の社会・文化史の研究を始めた。時は1998年頃。「性同一性障害」が世に認知されるようになり、埼玉医科大学で国内初の「公式」な性別適合手術が行われた年である。にもかかわらず、なぜ、同じ性別越境者である「女装者」が「いなかったこと」になってしまうのか。

著者は、性社会史の研究者であると同時に、自らを「男性から女性への性別越境者（トランスジェンダー）」と規定し、かつ「『性同一性障害』という立場をとらない」と明言している。本書はこのような著者が、先にあげた問いに対し、歴史的・文化的なアプローチでの解答を試みると同時に、自らがとる立場を説明するものである。

第1章から第3章は、いわば「歴史編」である。まず、女装のシャーマン「双性の巫人《ふじん》」が古代社会に広く見られることを指摘し、そのような「双性の巫人」は身体的性と社会的性の異なる2つをあわせ持つことによって特殊なパワー「双性力」を持つとする。性別越境者は、この「双性力」をもとに宗教的職能や芸能をはじめ、飲食接客業、さらにセックスワークなどさまざまな職能を担っていた。そこには、周囲からの「畏敬／畏怖《いふ》」の眼差しとともに、日常に位置づく性別越境者の姿があった。しかし近世以降、これらの職能への賤視《せんし》が強まるにつれて、性別越境者への眼差しは「蔑視／差別視」へと変化していく。そして、近代以降西洋的な「変態概念」の輸入により「蔑視」に「学問的根拠」が与えられる。このような眼差しの変化は、部落史研究のなかで明らかにされてきた被差別民への差別の構造と軌を一にしており、たいへん興味深い。

戦後の女装社会を描く第4章は圧巻だ。東京・上野の女装男娼から始まり、ゲイバー・ニューハーフ、そして新宿の女装コミュニティへと至る「私たちとこの世界」を描ききる。そこには、著者の先達へのリスペクトを感じる。

第5章以降は、いわば「現代編」。ここでは、「『社会の中で女性として存在する』とはどういうことか」が論じられる。著者は、古代から連綿と続く性別越境者たちの姿と、そこにつながる系譜をもつ「新宿女装社会」での経験から、「性他認（他者からどんな性別と認識されるか）」を重視し、それ相応のジェンダーイメージを構築すること、すなわち「女をする」ことが重要としている。しかしこのような考え方は、「性別違和」を病理とみなし「性別移行＝身体加工」とする性同一性障害概念が広がりを見せるなか、あまり重要視されなくなってきている。まさに「いなかったことになっちゃう」のである。ここに著者の研究の動機がある。そして、著者自身もまた、「新宿女装社会」で得たノウハウを用いながら性別移行を実践することで「病理ではない性別移行」が実現可能であることを実証しているのである。

著者は、自らのライフワークを「日本におけるトランスジェンダー・スタディーズの基礎を作ること」と述べている。まさに本書は、「異性装全般を扱えなかった」という限界を踏まえたうえでなお、日本のトランスジェンダーを考察する際、避けて通れない一冊である。

（土肥いつき）

法の仕組みを知って、制度を変えていく

『性と法律――変わったこと、変えたいこと』
角田由紀子著

『伊藤真の憲法入門　講義再現版　第5版』
伊藤真著

『性的マイノリティ判例解説』
谷口洋幸ほか編著

法律は、女性に優しくはなかったが、女性たちはそのような仕組みにも負けずに闘いながら、社会を1ミリ1ミリ変えてきた。
（『性と法律』より）

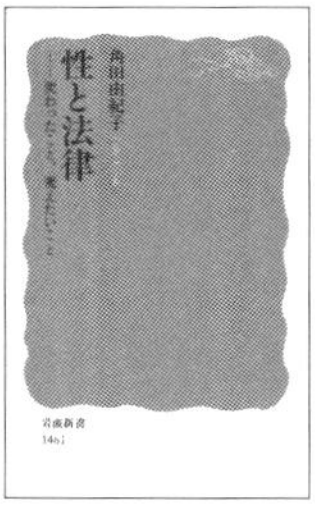
岩波新書、2013年

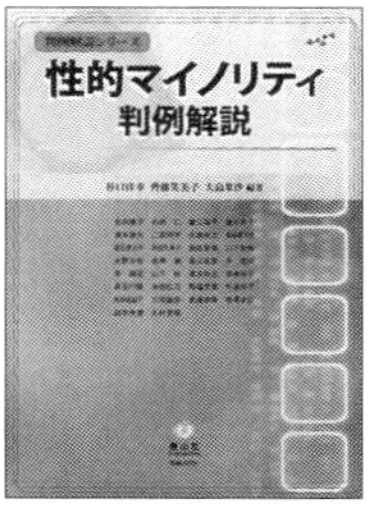
信山社、2011年

日本評論社、2014年

『性と法律』の著者である角田弁護士は、1975年に弁護士登録をした大ベテランだ。離婚、親子に関する問題、男女間の賃金差別、性暴力などさまざまな事件に携わってきた。本書は、長い弁護士生活のなかでの豊富な経験をもとに、性をめぐる日本の法についての、これまで、今、そしてこれからのことを書いた本だ。

セクシュアルマイノリティについての本ではない（といっても、セクシュアルマイノリティを無視してはいない）が、セクシュアルマイノリティ当事者にもぜひ読んでほしい。そう思う1つ目の理由は、セクシュアルマイノリティに

関する制度を求めるとき、それは、もともとある制度と無関係ではないからだ。たとえば、同性同士の関係を保障する制度は、結婚制度と無関係に生み出されることはない。しかし、「そもそも結婚とは何なのか」を知らない人はあんがい多い。本書では、豊富な事例をもとに鋭い分析が加えられ、結婚や家族のこと等が説明されているので、それらについての法を知り、考えることに役立つ。

2つ目の理由は、おかしいことをおかしいと気づき、どのように変えていくかについてのヒントと勇気を与えてくれるということだ。とくに、「セクシュアルハラスメント」という言葉がどのようにして日本の女性たちの闘いの武器として使われるようになったかについての物語には、セクシュアルマイノリティの権利という、「新しい」権利の保障を日本で実現していくうえで役立つことがたくさんある。

また、この本は、セクシュアルマイノリティの間の違いを知るためにも役立つ。セクシュアルマイノリティと一口に言っても、置かれている状況は違う。たとえば、レズビアンやバイセクシュアル女性と、ゲイやバイセクシュアル男性は、好きになる性別が異性ではないという点では同じカテゴリーに入るとしても、直面する問題は異なる。たとえば、男性全体と女性全体の収入を比べれば、圧倒的に女性の収入は少ない。また、そのことは、性別をトランスする場合、それにより就ける仕事と収入も変わってくる。本書は、違いを尊重しつつ、ともに闘うためにも、重要な本である。

法を変え、制度をつくるには、法の仕組みの基本を知る必要がある。『伊藤真の憲法入門』は、話し言葉で書かれており、法の仕組みの基本を理解しやすい。ズバリ答えが書かれているわけではないが、「同性婚を憲法が禁止しているか」「同性婚が認められないことを裁判所に訴えることができるか」「法律ではなく条例で同性婚を認めることができるか」などを考えながら読むと勉強になる。

また、セクシュアルマイノリティに関する裁判例や解説を読みたいという方には、『性的マイノリティ判例解説』をおすすめする。2011年発行なので、この数年の目まぐるしい世界の動きはフォローできないが、ヨーロッパ人権裁判所など国際的なもの、欧米各国のもののほか、アジアの裁判例も収められている。日本の裁判例も、性別の変更に関するものなど15件ほどが取り上げられている。

（森　あい）

引き裂かれへの抵抗、つながり、そして希望

『「レズビアン」という生き方─キリスト教の異性愛主義を問う』

堀江有里著、新教出版社、2006年

Y・クララ

タイトルに「キリスト教」と入っているので、あまりなじみがない話だと思われてしまうかもしれないけれど、実のところジェンダーやセクシュアリティについての多くの話題や問題にふれている一冊だ。目次を見ると一目瞭然なのだが、たとえば「プライド」「ホモフォビア」「クローゼット」「カミングアウト」等々といった用語が各章のタイトルになっていて、それぞれの言葉の意味や、歴史が丁寧に説明される。……と言ってしまうと、お手軽な用語集のように聞こえてしまうかもしれないが、決してそうではない。

言葉や用語の意味を知ることは、それが生み出された歴史を知ることでもある。言葉の生まれた背景には、性的マイノリティに対する差別や偏見があり、そして、それに対する抵抗や批判がある。ただし、言葉や用語は時に誰かのことを見落としていたり、分断をもたらすこともある。だから一度提案され、定義されたものは絶対に変えないというのではなく、常に問い直しや語り直しが必要だということが、この本のなかで強調される。加えて注目したいのは、「みんなちがってみんないいというような、多様性の賛美〈だけ〉を行うことへの警戒。「みんなちがう」なかには、「祝福」される人、「否定」される人がいる。その差別や排除こそを問い、抵抗し、批判することこそが大事なのだと訴えている。

著者は、レズビアンであることをカミングアウト（公言）している牧師として、キリスト教に

留まりながら、差別との壮絶な「たたかい」を続けており、読者はその葛藤や怒りや悲しみ、そして希望が織りなす道のりをたどることとなる。印象的なのは冒頭の光景。著者がニューヨークの教会の壁面の前に佇《たたず》み、「レズビアン／ゲイ」に対する迫害への悼みや反省を示したメッセージを繰り返し読んでいる。そのときの思いを著者は次のように言う。

「誰が何と言おうと、わたしはいま、ここにいる。いま、いのちを与えられて、ここにいる」

2000年を数えるキリスト教の歴史のなかで、同性愛者は存在を否定され、あるいは罰されてきた。それを見直す取り組みがなされるようになった歴史のほうがはるかに短く、キリスト教の「教え」を根拠にした差別や暴力は、今もなお枚挙にいとまがない状態だ。

キリスト教の信者は日本では決して多くない。だがたとえばキリスト教の学校や近所の教会に通ったりした人といえば、もう少し数が増えるだろう。キリスト教の「教え」をモロに受けた性的マイノリティは、自分が信じてきたものが、同時に自らを断罪するという引き裂かれのなかにある。また、教会では性に関する話がしづらく、性的マイノリティのあいだではキリスト教の話がしづらいという状況におかれるかもしれない。このコラムの筆者もそのひとりだ。

この本は2002～04年の『福音と世界』誌への連載がもとになっている。カトリックを熱心に信仰してきて、レズビアンであることを罪だとか、地獄に落とされるとか考えて絶望に陥っていた私は、06年の1月にその連載の存在を知り、夢中でバックナンバーを読んだ。それでキリスト教信者であることとレズビアンであることによる引き裂かれが解決した！……わけでは決してない。けれど、その両方でありつつ、自分を否定するものにひれ伏すばかりではなく、かといって簡単に抜け出すのでもなく、留まって抵抗して「たたかい」を仕掛けてもいいのだということ、そこに新たな希望やつながりがあると示されたことは、その後の私の生を強く支え続けている。

労働運動の連帯意識に結びつくLGBTの魂!

『リトル・ダンサー』『パレードへようこそ』

その人の才能や個性が生かされ開花して人生が成功するというようなことはどれぐらいの確率で可能なのだろうか。まして古臭い意識が蔓延するイギリスの田舎町で、男なら炭鉱夫になるのが当然と思われるような町に育った男の子の「バレエダンサー」としての才能なんて。

『リトル・ダンサー』の主人公は、11歳のビリー。父や兄、そして炭鉱町のおとなたちの無理解のなか、バレエなんて女かオカマがするものだと言われながら、それでも自分のこころに湧きあがる思いを踊りで表していくことを通して、徐々に周りの理解を得ていく。時は1980年代半ば、サッチャーが炭鉱をつぶそうとしていく時代に、炭鉱労働者が大規模ストライキで抵抗している。しかし新自由主義への流れのなかで、労働組合は追い詰められていく。仲間を裏切らない、金のためにスト破りしないという素晴らしい連帯精神がある一方、現実に金がいる個々の状況で仲間を裏切らざるを得ない者もいる。ビリーの父も、ビリーをバレエの世界で成功させるには金がいると悩むのだ。それを乗り越えていくのは、ビリーのために金集めしようとする周りの人の思い、ゲイの友との友情、そしてビリーのオープンなこころだった。

『パレードへようこそ』も同じ時期、若いLGBTたちが闘う炭鉱労働者たちと連帯しようとする映画だ。しかもこれは実話に基づく。ゲイの活動家マークたちは、街でカンパを集め炭鉱労働組合に届けようとする。しかし当時は、今以上に性的マイノリティに差別的な人が多かった。「炭鉱労働者をサポートするゲイとレズビアンのグループ(LGSM)」からというだけで、カンパを受け取ろうともしない。だがそもそも労働運動の精神は、歴史的な組合旗の握手の図柄が示すように「連帯」なのだ。魂の言葉でそれを伝えていく活動家の活躍もあり、徐々にLGSMへの無理解や反発の壁が崩れていく。同時に、家族との関係などもがきながらも成長していくLGSMのメンバーたちの姿も描かれる。

どちらの映画も、美しい連帯の精神が結実する感動的なラストシーンへとつながっていく。トップダンサーとしてのまばゆいばかりの跳躍、そして、ゲイの権利を訴えるパレードで意気揚々とLGSMのメンバーが先頭を歩く姿として。このくすんだ世界においても一瞬のきらめきをもって生きることができる、という希望を与えてくれるゲイフレンドリーな映画だ。　(イダヒロユキ)

第6章　サポートする人に読んでほしい本

Lovely Great Book Tour

「サポートすること」は
この社会を住みよくしていく第一歩

社会変革に至るまでには長い道程がありますが、いざ機が熟すと、一気に変化が起きるといいます。セクシュアルマイノリティの多くは、長い間、自分のことを家族にさえ打ち明けられず、学校や職場でも沈黙を守ってきたため、その社会的孤立は深刻でしたが、最近その勢力地図に大きな変化が訪れています。

ここ数年、当事者の家族や友人、教職員、自治体職員、福祉関係者を中心に、身近にいるＬＧＢＴをぜひサポートしたいという声が高まり、筆者（原ミナ汰）が所属するＮＰＯにも「性の多様性」に関する啓発講座をやってほしい、という依頼が次々と舞い込むようになりました。10年前には「性同一性障害」一色だったテーマも、いまや「性的指向、性自認の基礎知識」や「同性パートナー」、「セクシュアルマイノリティ（ＬＧＢＴ）支援の具体的方策」と確実に広がっています。

啓発講座というのは、いわば窓ガラスの曇りを拭《ふ》き取る作業ですが、そもそもどうして窓が曇るのか、どうすれば澄んだ目で物事が視《み》えるようになり、視界が開けるのか、といった根本的な問いかけをするのも、大切な役目のひとつです。なかでも、サポーターの皆さんにぜひ押さえていただきたい基本理念を３つあげました。

（１）サポートは開かれた社会をつくる試みです

セクシュアルマイノリティは、「守られる存在」や「かわいそうな人」ではありません。これは、どのマイノリティについてもいえますが、「かわいそう」なのは、むしろ歪《ゆが》んだ認知をもつ私たち自身であり、私たちの社会であることを、思い起こしてください。「誰かをサポートすること」は、自分たちの社会を住みよくしていく第一歩なのです。

（2）周囲が「無知」でいられるのは「情報の壁」があるから

これまで、あらゆる場所で、セクシュアルマイノリティがいてもいないことにしたり、聞かなかったことにしたり、口止めしたりして暮らしてきました。こうした情報バリアをひとつひとつ取り除くことで、孤立は自ずと解消され協働作業が可能になります。

（3）周囲の無理解を「理解」に変えるのは、周囲の仕事

当事者の訴えには、たしかに人を動かす力がありますが、わが子が何を訴えても聞く耳をもたなかった親が、あるとき同じ立場の親の話を聞いて気持ちを変えた、というのをよく聞きます。同じ立場の人がどう受けとめたか、を見聞きすることの学習効果は絶大です。自分が理解するに至った気づきを共有することが、周囲の無理解を「理解」に変える力となるのです。

こんな支援がほしかったと感じられる本、相談員のための冊子

この第6章では、主に医療、法律、教育の3分野で、サポートする人に読んでほしい本を8冊載せています。

これまで「性同一性障害」と呼ばれていた状態から、「従来の性別規範にあては

まらない人々」への概念の転換が起きています。こうした変化を知ってもらいたいと、WPATH『SOC-7（スタンダード・オブ・ケア 第7版）』を入れました（178頁参照）。「トランスジェンダー」とは、生き方の問題であり、それを阻んでいるのは、この社会の狭すぎる性別規範と、その結果生じる不必要な医療化であるという点も、サポートする方々にぜひ読んでほしい部分です。

宮地尚子『環状島＝トラウマの地政学』[*1]や、上岡陽江、大嶋栄子『その後の不自由―「嵐」のあとを生きる人たち』[*2]もおすすめです。『環状島』は、自身に起きたことの衝撃に言葉を失うような体験をした人に、それを表現するためのヒントを与えてくれます。ジュディス・L・ハーマン『心的外傷と回復 増補版』[*3]も同じくトラウマを解消するための自己理解を深めてくれる本で、男性被害者にも役立つ書です。『その後の不自由』には、依存から回復する過程について書かれていますが、それだけでなく、回復したあとの道筋を示してくれます。いずれも、自分が支援される側ならこんな支援がほしいな、と感じられる必読書です。2014年に発行された冊子『レズビアン、バイセクシュアル女性、トランスジェンダーの人々からみた暴力』[*4]は、日本に住む50人のLBTの暴力被害の体験を綴った貴重な記録です。

そのほか、ツールとして有用な小冊子をいくつかご紹介します。『電話相談員のためのセクシュアル・マイノリティ支援ハンドブック』[*5]は、電話相談の現場で、同性間DVや性別違和の相談を受けとめきれない、という声に応えて、一般の相談員に向けて基礎知識と留意点をまとめたものです。同団体では、マスメディアや政治家、行政のための包括的な統計データ集『セクシュアル・マイノリティ

*1 2007、みすず書房
*2 2010、医学書院
*3 1999、みすず書房
*4 2014、ゲイジャパンニュース
*5 2012、共生社会をつくるセクシュアル・マイノリティ支援全国ネットワーク

白書2015』[*6]も発行しています。

学校現場で子どもたちの相談にのるとき役立つ冊子、本

2015年4月に文部科学省は「性同一性障害に係る児童生徒に対するきめ細かな対応の実施等について」を出しました。このなかで、性同一性障害のある児童・生徒に対する具体的な対応事例を示しながら支援を求めると同時に、性的マイノリティの児童・生徒への相談体制の充実も求めています。しかし、具体的に子どもたちの相談にのったり支援を行ったりするためには、留意すべきことがたくさんあります。次にあげる2冊は、そのようなときに役に立つ冊子です。

教職員向けには、『教職員のためのセクシュアル・マイノリティサポートブック改訂版第3版』[*7]が学校現場での対応をていねいに説明しています。親に向けた小冊子『わが子の声を受け止めて―性的マイノリティの子をもつ父母の手記』[*8]には、さまざまな性的指向や性自認をもつ子どもの親御さん11名の手記が掲載されています。この2冊はいずれもインターネットでダウンロードできます。

一方、先にあげた文部科学省の具体的な対応事例のなかには、「服装」や「髪型」といった項目があげられています。これらは実は、学校自身が行う「性別による取り扱いの差異」にほかなりません。つまり、性的マイノリティの児童・生徒が困る原因をつくっているのは学校自身であるという側面があるのです。木村涼子『学校文化とジェンダー』[*9]は学校文化をジェンダーの観点から読み解いた書であり、学校教育のどこに性的マイノリティの児童・生徒を困らせるものがあるのかを考える手がかりとなる一冊です。

＊6　2015、共生社会をつくるセクシュアル・マイノリティ支援全国ネットワーク

＊7　2015、性と生を考える会（奈良）、奈良教職員組合

＊8　2014、平成26年度厚生労働科学研究費補助金エイズ対策政策研究事業

＊9　1999、勁草書房

これまでの「男女平等教育」「ジェンダー平等教育」を問う

『ジェンダーで考える教育の現在《いま》―フェミニズム教育学をめざして』

木村涼子＋古久保さくら編著

「すべての子どもたちが自分たちのセクシュアリティや生き方の多様性に気づく」ようにすることが大事。

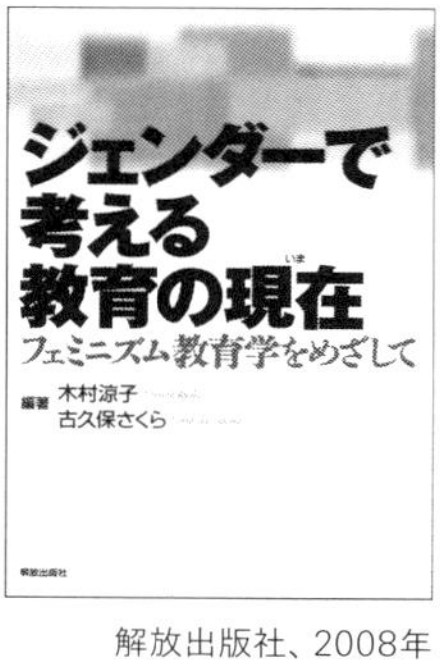

解放出版社、2008年

私たちはジェンダー化された社会に生きている。当然学校も、そこで行われる教育もジェンダー化されている。しかし多くの人はそのことを問題に思っていないし、そもそもジェンダー化されているとも思っていない。男女混合名簿か男女別名簿かは気にしたことはあるけれど、全校集会のときになぜ男女別に2列に並ぶのかなんて考えたこともない。私たちは子どものころ学校でそれを当然のこととして経験し、大人になってその経験をそのまま子どもたちに伝えている。その「当然」を問うことなく。

授業中に男女で反応が違っていても、子どもも教師もそれを「自然」なできごととしてとらえ、さらにはその男女の「特性」をうまくクラス運営に利用する。それほどまでに学校はジェンダー化されているのである。

本書は第Ⅰ部「ジェンダー化された学校教育」で現在の教育改革、男女共学制、教育課程といった学校教育システムがもつジェンダー問題を解明している。とくに男女で分かれるのは当然だと思われている学校体育をジェンダーの視点で分析する論考は興味深い。

第Ⅱ部「ジェンダー化された学校を生き抜く子ども」では、男子および女子がそれぞれのジェンダー規範やそれに沿った期待に乗っかったり抵抗したりしながら生きる姿や、男子にも女子にも多様な存在がいることを明らかにしている。また教育課程では「見えない」存在でありながらも、学校生活ではいじめ・差別のなかで嘲笑し排除すべき存在として「現れる」セクシュアルマイノリティの存在、障害をもつ女子が教育のなかでどのようにジェンダー化されていくのかを明らかにすることで、学校教育が、さらにはこれまでの「男女平等教育」「ジェンダー平等教育」が性別二元制、異性愛、健常者を前提としてきたことの問題を指摘している。

第Ⅲ部「ジェンダーの視点からの教育理論・実践の検証と展望」では、ジェンダーの視点で考える教育の目標を「自身の取り込んでいるジェンダー意識の固定化を知り、カテゴリーに包摂されない自分の中にあるズレ、ズレに意味を与える子どもたちの主体性を育み、異なるものの中での対等な関係性を求める力や態度を促すもの」として、教育実践の成果と課題、可能性を指摘している。

セクシュアルマイノリティの章の著者（今井貴代子・山田公二）は、「セクシュアルマイノリティについて考えながらも、自分自身のジェンダー観、セクシュアリティ観と向き合うこと」によって「『すべての子どもたちが自分たちのセクシュアリティや生き方の多様性に気づく』ようにすることが大事」であるという。そのような実践を進めていくと必ず、「私」という存在は「人種、皮膚の色、性、言語、宗教、政治上その他の意見、国民的若《も》しくは社会的出身、財産、門地」（世界人権宣言）などさまざまな要素を複合的にもち、他者と共通するものも異なるものももっているということに気づく。そんな多様な「私たち」がどうやってともに生きていくか、本書がそのヒントを与えてくれる。教育に携わる人は必読の一冊である。

（渡辺大輔）

さまざまな教科の授業で性の多様性をテーマに

『同性愛・多様なセクシュアリティ―人権と共生を学ぶ授業』

〝人間と性〟教育研究所編

学校でこの瞬間にも悩み苦しんでいる性的マイノリティの子どもたちが、少しでも早く豊かな思春期を過ごせるようにしたい。

子どもの未来社、2002年

右の一文は、本書を編んだ人たちの問題意識であり、この本に込めた強い思いでもある。本書刊行の1年前、2001年5月には、人権擁護推進審議会が「人権救済制度の在り方について」という答申を発表し、性的指向を理由とする差別に言及した。国レベルの行政機関が性的マイノリティを取り巻く状況に対して問題意識をもち、それを明文化するに至った背景には、多くの地域住民の声があったのだろう。その声と響き合うように、本書は発刊された。

本書は、「セクシュアリティをめぐる現実と課題」「多様なセクシュアリティを学ぶ授業」「さまざまな『サポートグループ』」「海外情報／性的マイノリティ関連団体・

書籍紹介」という4つから構成されている。刊行から時を経ているにもかかわらず、〝使える〟内容になっているのは、学校社会の性的マイノリティへの理解が進んでいないことの表れで、なんとも皮肉なことである。だが、2015年4月には文部科学省が、性的マイノリティを支援の対象とし、日常的に支援できる環境を整える指針を示す「通知」を出した。これをうまく活用し、すべての教員が授業や学校生活のなかで「性は多様である」ことを自然に伝えられるようになってほしいと願う。

本書の特徴は、9つの実践・授業案が紹介されていること。【授業実践・小学校】刷り込まれた偏見と差別に気づく／【実践・中学校学級活動】好きになる人はいろいろ、想いの純粋さは同じ／【授業実践案・中学校社会科】ナチスドイツによる同性愛者虐殺について学ぶ／【授業実践案・中学校英語】ハーヴェイ・ミルクの実話を教材に他者理解を深める／【授業実践・高校生物】自然界の多様で豊かな性を知っていますか？／【授業実践・高校国語】同性同士のセックスはいけないの？／【授業実践・聾学校高等部】同性愛者からの「家族への手紙」で学ぶ／【授業実践・高校保健科】自慰からセクシュアリティの多様性を考える／【授業実践案・高校家庭科】自分が家族だと思ったものが家族。

これを眺めただけでも、さまざまな教科の授業で多様な性をテーマとして扱えることを知っていただけるだろう。

ほかにも、性的マイノリティへの理解を深める解説などが収められており、教員だけでなくすべてのおとなに読んでいただきたい。とくに、同性愛者の息子に宛てた母親の手記は、多様な立場の方々の心に響くメッセージが込められている。最初に読んでいただくことをおすすめする。

最後に、私は同性、異性関係なく両方に気持ちが向かう、いわばバイセクシュアルであるが、とくにこうした言葉で自分を括《くく》ることはしてこなかった。しかし、性を学ぶ過程で腑に落ちたメッセージがある。それは、「レズビアンにもゲイにもバイセクシュアルの人にもトランスジェンダーの人などのなかにも、さまざまな人がいる」というもの。多様性を自分のものとして感じることができた言葉だった。授業のなかだけでなく、日々の生活のなかで「性は多様である」というメッセージを伝えることの大切さを、自身の体験からも感じている。（篠原美香）

ふれあって生きる

『性と生をどう教えるか 第2版』

尾藤りつ子＋性と生を考える会編著

自分はかけがえのない大切な存在であること、
そして、自分はけっして一人ではないこと、
たくさんの人のおかげで生きて、
生かされていること。

解放出版社、2005年

「何より自分のことを好きになってほしい。そして、となりにいる友だちも同じ人間として仲間になっていってほしい、ひとりではないことに気づいてほしい」——これは、私がいつも思春期の子どもたちに贈る言葉だ。「性と生をどう教えるか」は、おとなになってしまった私たちにとっては、とても難しく深いテーマである。「生き方としての性」「いのちと性」について、いつ誰が、どんなふうに語り伝えるのか。

本書は、人間が生まれ、そして育ち成長していくプロセスを、丁寧にわかりやすく示してくれている。子ども

たちの小さい頃の疑問は、「いのちの始まり」についてだ。自分はどのようにして生まれてきたのか、なぜ人は生きていくのか。そんな問いにやさしく語りかけてくれる。私は学校で長く性教育実践をしてきたが、本書を資料としてよく使用してきたわけはここにある。

いのちは自分だけのものではなく、ずっと昔からつながり受け継がれてきた。地球上のいのちは一つひとつ違っていて、そして一つひとつの人生がある。いのちの始まりを知ることで、自分が生まれてきた意味に気がつくことができるだろう。

また、「いのちの誕生」について科学的に理解することにより、やがて自分たちもいのちを生み出すことができるおとなになっていくということを、想像することができる。人間はとても小さく生まれてくる。だから、ひとりでは生きてはいけない。たくさんの周りのおとなによって、守り育てられることも教えてくれる。

「ふれあい」の延長線上にある「性交」を含め、人との関係性におけるさまざまなテーマについてもとりあげている。とくに思春期にある子どもたちは、友人など人間関係で悩み苦しむことが多い。まず自身が、自分のからだや心のありのままを受け入れられるようになること。そんなおとなになることへの自信につながる言葉がたくさん載っているのもうれしい。

もうひとつ、本書の特徴として、「死」をテーマとして扱っていることが挙げられる。人は、必ずいつかは「死」を迎える。とても難しいテーマであるが、このことを語らずして、「生きる」ことの大切さを伝えることはできないだろう。今の子どもたちの多くは、死を身近なこととしてとらえられない環境にある。「死」に向き合うことは、「生」にしっかりと向き合うことでもある。

冒頭に引用した文は、編著者の故尾藤りつ子さんの言葉である。「自分はかけがえのない大切な存在である」ことを忘れないでほしいと、子どもたちにメッセージを送っている。そこには、多様な性を生きる子どもたちに、自分らしく輝いて生きていってほしいという願いがこめられている。

性教育を学べなかったおとなたちも本書を手に取り、どのページからでもいいので開いてみてほしい。生きるヒントがたくさん詰まっているから。

（脇野千惠）

多くの分野を網羅した事例、資料を収録

『性同一性障害の医療と法
—医療・看護・法律・教育・行政関係者が知っておきたい課題と対応』

南野知恵子代表編

トランスジェンダーの抱える課題（中略）の克服を通して誰もが生きやすい社会をつくりだしていく。

メディカ出版、2013年

「性同一性障害」に関する変化は、目まぐるしい。

「性同一性障害」とは、英語では「gender identity disorder」である。しかし、アメリカ精神医学会の作成する分類・診断基準である「DSM」の第５版では、「gender identity disorder」は使われなくなり、「gender dysphoria」（「性別違和」などと訳される）が使用されることとなった。WHO作成の「ICD」[35]においても、改訂が行われている。

そのようななか、2013年3月に発行されたこの本は、診断基準・ガイドラインや各種関係法令等の基本的な資料にもアクセスできる便利な一冊である。DSMの第５版が収録されていないなど、フォローが必要な点はあるが、この本をまずは押さえたうえで、変更点や取り

上げられていない点を追うのが効率的であると思う。

また、本書の特徴として、医療や法律だけでなく教育や行政の取り組みなど多くの分野を網羅していることがあげられる。たとえば第4章「性同一性障害と行政」の「行政による対応」の項では、東京・世田谷区における印鑑登録証明書の申請書から性別欄を削除するなどの取り組みや、性的少数者への相談窓口の明示、および職員の相談対応能力を高める研修会の実施などの事例が紹介されている。

本書50頁でも紹介している『性同一性障害って何？　増補改訂版』や、『性同一性障害と戸籍　増補改訂版』（針間克己ほか著、緑風出版、2013年2月発行）もあわせて読めば、性同一性障害についてより深く広く知ることができる。『性同一性障害と戸籍』は、「戸籍の性別変更をしていない人」についての章もあるが、大半は戸籍の性別変更に関することの記載であり、深く書かれている。一方、『性同一性障害って何？』は、「子どもが性同一性障害と知ったらどうしたらよいか」など、周囲の人々がもつ疑問に対する回答／解説も掲載されており、幅広い内容となっている。

ところで、上述の3冊いずれにも、私が弁護団員としてかかわった、「GID[36]・法律上も父になりたい裁判」のことが、未解決の問題として書かれているので、その後の裁判の状況を記しておきたい。

この裁判は、女性から男性へと性別の取り扱いを変更した後、婚姻し、夫婦以外の第三者から精子をもらい、子を授かり、妻が出産したところ、夫の子として認められなかったので、父子関係を認めるよう求めたものである。この点、男性としての生殖能力がない以上、父子関係が認められないのは当然と思われる方もいるかもしれない。しかしながら、民法772条は、妻が、婚姻中に妊娠した子は、夫の子と推定する旨を定めている。

2013年12月10日、最高裁は、「婚姻することを認めながら、他方で、その主要な効果である同条（筆者注：民法772条）による嫡出の推定についての規定の適用を、妻との性的関係の結果もうけた子であり得ないことを理由に認めないとすることは相当でない」として、父として戸籍に記載することを許可した（平成25年（許）第5号）。

最高裁まであきらめなかった父母の闘いにより、現在は、同じ状況で生まれた子は、皆、父子関係が認められるようになっている。

（森　あい）

トランスジェンダーの健康と権利

『SOC-7 トランスセクシュアル、トランスジェンダー、ジェンダーに非同調な人々のためのケア基準』

WPATH／中塚幹也＋東優子＋佐々木掌子監訳

多様性に対する偏見・差別・スティグマを払拭《ふっしょく》し、公共政策や法改正に向けた取り組みを通じて社会的寛容や平等を推進していくことが専門職者に求められる。

同書は79年に初版が発表されたガイドラインの最新版である。世界的な影響力があり、97年に日本精神神経学会が「性同一性障害の診断と治療のガイドライン」（初版）を策定したときも、またこれを改訂する際にも参照される重要文献である。しかし、SOC-7[37]と日本の「診断と治療のガイドライン」は似て非なるものである。そもそも、10年ぶりに大幅改訂された最新版と過去のSOCでは、量と質の両面で特筆すべき違いが多い（第

http://www.wpath.org/uploaded_files/140/files/SOC%20Japanese_new2.pdf

WPATH、
2012 / 2014年

6版の邦訳は、東優子・針間克己「性同一性障害の治療とケアに関する基準〔SOC〕」臨床精神医学 30巻7号87～902頁を参照のこと）。その特徴は、次の5点に要約される。

（1）全体のトーンにおいて、「専門職者が何をしなければならないか」という視点が明確化されている。ガイドラインといえば、性同一性障害特例法と同じくトランス当事者にとっての「ハードル（クリアすべき要件）」について書かれてあると誤解されている。それを払拭する意図がある。

これに関連して、（2）インフォームド・チョイス（当事者の自己決定）とリスク・リダクション（さまざまなリスクの軽減）の重要性が強調されている。従来の三連構造（精神療法→ホルモン療法→手術療法）は解体され、専門職の役割は「門番」ではなく、「安全で効果的」に「健康全般、ウェルビーング（well-being）、自己充足を最大化すること」にあるとされる。さらに今回初めて、（3）心理・精神療法が「医学的介入としての絶対的な必須項目ではない」というばかりでなく、これを繰り返すことは「倫理的ではない」と明記された。（4）性別越境現象を精神疾患としてとらえることについては、「性別違和（症）が精神疾患に分類されうるものだとしても、その診断は必ずしも生涯にわたるものではない。（中略）先天的な障がいをもつ人々とは異なる」と解説している。同書が執筆されたタイミングは、DSM－5（国際的診断基準のひとつ）が発表される直前であり、「脱（精神）病理化運動」を踏まえつつ、性別承認や保険適用に診断書が必要とされる現状に配慮した文言になっている。

最後に、（5）同書の目的は「臨床的ガイダンスを提供すること」にありながらも、「（健康は）優れた医療ケアだけにかかっているのではなく、社会的および政治的状況に依存している。すなわち社会が寛容であり、平等と市民の完全なる権利が保障されるかどうかにかかっている」と述べ、アドボカシー（権利擁護）の担い手としての専門職の役割にも言及している。

WPATH（世界トランスジェンダー・ヘルス専門家協会）は、業界最古にして最大の職能集団／学会である。「トランスセクシュアルの父」の名を冠したHBIGDA（ハリー・ベンジャミン国際性別違和協会）から名称変更した時点で、同組織は「脱（精神）病理化」に向けて大きく舵を切った。全15章の頁数は100を超え、参考文献リストだけで20頁にのぼる。「用語解説」など付録も充実した同書の資料価値は高い。

（東　優子）

尊厳といのちを守るために

『医療・看護スタッフのためのＬＧＢＴＩサポートブック』

藤井ひろみほか編著

人間の尊厳と命を守る医療機関においてさえ、ＬＧＢＴＩへの差別・偏見・無理解が過去にはありました。（中略）それはまだ完全に過去の出来事になってはいません。

メディカ出版、2007年

少し大きめの書店で看護専門書コーナーに、たまたまこの本を見つけたときの驚きにも似た感動を、私は今もはっきり覚えている。右に挙げた一文が、この本の隅々にまで基本的姿勢として流れていて、著者らの強い思いとともに胸に迫ってきたことも。

「ケアを提供する人」のための本を、ケアを受ける側であるＬＧＢＴＩ[38]当事者の声を活かしてまとめるという、ありそうでなかった画期的な一冊。医療看護現場に向けたものとしてはおそらく初めてのものだろう。

まず、医療看護職をめざす学生さんにぜひ読んでほしい。基本的な知識や情報、サポート面でのポイント、家族への視点、具体的な相談事例などに加え、多彩な著者によるコラム、資料ページなど、多角的な視点でまとめられている。これからケア現場にかかわる人たちには、人とは多様な存在であるという包括的な視点と、対象が何者であれ尊厳と命を守るという姿勢を、技術や専門知識に先立つ最も基本的・普遍的な原則として知っておいてほしいと思う。

もちろん、現役の医療看護職の人たちにもエールとともに贈りたい。私たち医療看護職・専門職も、ひとりの人間として偏見をもって現場にいる。偏見がケアの質を左右することもある。知らなかったではすまないこともある。

尊厳を守るということは、単に差別しないということではない。その人の性のありようも含めた自分らしさ、生き方、誰とともに生きるかという人との関係性が、医療看護の場で尊重されているか、ということである。その人が見た目や戸籍上とは異なる性別で生きていることや、パートナーが同性であることは、たとえプロでも知識がなければ「想定外」だろう。

一方で、知れば現場は変わる。目の前の「患者さん」の気持ちや困難な背景を知っておくことは、患者＝人間理解にもつながる。健康や命にかかわる対人職・専門職としてやるべきこと、できることがきっとたくさん見つかると思う。

最後にマイノリティ当事者のみなさんに。この本には医療看護サービスを利用するためのヒントが詰まっている。ぜひ医療看護の場で活用していただきたい。そして、ＬＧＢＴＩを含めすべての人に、守られるべき尊厳があり、命の重さは変わらないのだということを、どうか忘れないでいてほしい。

さて、この本が発行されたのは２００７年である。この10年の間に、ＬＧＢＴＩやセクシュアルマイノリティをとりまく環境は、そして医療看護現場は、何が変わり、何が変わらなかったのだろうか？　この本は「ＬＧＢＴＩ」をキーワードとして、読んだ人それぞれに自分自身や職場、仕事を振り返るためのきっかけをくれる。そのうえで得た新しい知識や視点は、きっと新しい関係性や出会いにつながることだろう。

今も昔も、患者さんやご家族として、同僚として、医療現場にＬＧＢＴＩ当事者はいる。知らないだけで、本当はすでに出会っているはずなのだから。（中田ひとみ）

セクシュアリティは、人格に組み込まれた要素のひとつ

『セクシュアル・マイノリティへの心理的支援―同性愛、性同一性障害を理解する』

針間克己＋平田俊明編著

セクシュアリティとは、（中略）「個人の人格の一部であり、他者から強要されたり奪われたりするものではない」という権利意識も同時に含有しつつ用いられている。

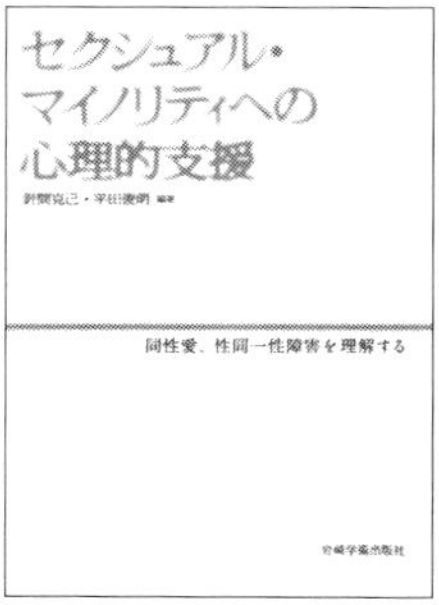

岩崎学術出版社、2014年

本書は、実際にセクシュアルマイノリティへの心理的支援に携わっている精神科医および心理臨床家が上梓した初めてのものである。それほどセクシュアルマイノリティの抱える心理的負担や苦痛が大きく、心理的支援が必要不可欠であるとの認識が広がってきたとも言える。

本書は3部構成になっている。第I部は「セクシュアルマイノリティの基本概念と歴史」。ここで述べられている、セクシュアリティを構成する主要な各要素を理解することが心理的支援をするうえでの第一歩となる。「身体的性別／セックス」「心理的性別／性同一性」「社会的性役割」「性指向」に加えて、「性嗜好《しこう》」「性的反応」「生殖」が挙げられている。これらは互いに関係し影響を与え合っていると知ることが重要である。それぞれ人の顔が違うように、性格が異なるように、セクシュアリティ

も一人ひとり違う、性は多様であると認識を新たにすることが出発点である。

平田俊明は、専門家の役割として、「自己のセクシュアリティを知る」「情報を知る」「多様性を受け入れる」「社会へ啓発教育をする」を挙げる。多くのセクシュアルマイノリティは、少数派であるが故に他者から受け入れられることを必要としている。しかし専門家とはいえセクシュアリティについての自己覚知がなく情報ももたないままでは、そのままの彼らを受け入れがたい場合があるからである。

第Ⅱ部「セクシュアルマイノリティへの心理的支援の実際」では、LGBと性同一性障害を分けて、スクールカウンセリング、学生相談、家族への援助・対応などについて述べられている。

第Ⅲ部「心理職の訓練と果たすべき役割」で葛西真記子は、米国の実践プログラムでは、「心理職が自分自身の内にある異性愛主義に気づき、LGBTに関する正確な知識を習得し、効果的なスキルを訓練すること」が重視されていると紹介。なかでも、クライエントが安全だと感じるような雰囲気がつくれるかどうかは、カウンセラー自身の「異性愛主義への気づき」にかかっていると述べている。一方、石丸径一郎は長年、性同一性障害当事者たちとかかわってきたなかで、社会適応の個人差の大きさに言及している。「パス度」[39]だけではなく、社会的スキルや、物事の楽観的なとらえ方、自信などが円滑な社会適応をもたらすと述べ、認知行動療法が当事者の苦痛軽減等に有用ではないかと述べている。

私がフェミニストカウンセラーとして臨床の場で感じていることが、本書でも繰り返し述べられている。カウンセラーがセクシュアリティにセンシティブな態度でないとカミングアウトされることは少ない。「異性愛主義」「性別二元論」に懐疑的であることが求められる。性は多様なのに、社会規範に当てはまらないとして偏見をもたれ差別されるクライエントの現状を理解しておくことは必須である。フェミニストカウンセリングのスローガンは、「The personal is political」(個人的なことは政治的なこと)である。最後の人権問題であるとも言われるセクシュアルマイノリティへの支援は、生活、文化、教育、医療などに加えて、心理的支援が今後よりいっそう求められていくだろう。多くの心理職の必読本になるにちがいない。


(執行照子)

いま、生きてここにある

『体の贈り物』

レベッカ・ブラウン著／柴田元幸訳

「僕は思いやりある行ないをしたんだ。
僕はあいつに死の贈り物をあげたんだ」

マガジンハウス、2001年
新潮文庫、2004年

タイトルがとても気になる本というものがある。タイトルに磁力がありひきつけられる（わたしを呼んでいる）という感じだろうか。「体の贈り物」というタイトルはなんとも不思議で魅力的ではないか。からだの贈り物ってなんだろう？　著者はなにを伝えたいのだろうか？

タイトルにひかれて手に取り、目次をながめて「あ、そうか、そういうことね」とわかることも少なくない。いやそのほうが多いのだが、この本はその目次がさらなる磁力をもっていた。目次には11の贈り物が並んでいるのだ。

汗の贈り物、充足の贈り物、涙の贈り物、肌の贈り物、飢えの贈り物、動きの贈り物、死の贈り物、言葉の贈り物、姿の贈り物、希望の贈り物、悼みの贈り物。

フーム、あらためてタイトルに戻ってみる。The Gifts of The Body。Giftsには天から与えられた才（力）という意味がある。この場合のofは「〜という」感じが近いのかな。「からだがくれるもの」というより「からだというありがたいいただきもの」というニュアンスではなかろうか。

それにしても、「充足」「希望」「悼み」という項目は、「からだ」というより「こころ」の範疇ではないのだろうか……。ここでふと気づいた。自分が無意識に心身二元論にたっていたことを。心身一如というではないか。からだがあってこころがある、こころがあってからだがある、からだとこころとはそういうものではないか。「腑に落ちる」とか「胸が痛い」とか「腹がすわる」とか、自分の大好きな日本語はからだでこころを伝えているといえるではないか。日本語でそうなら他言語でもそうであるだろう。

タイトルと目次だけでこれほど刺激をうけた本はない。

一気に読んで（読み始めたら止められない）、むんずとつかまれ、また読んだ。2回じゃおさまらないな、また読みたくなるなと知りつつ「原稿書かなきゃ」なのである。

ここで「訳者あとがき」から引用する。訳者が内容を要約すれば「エイズ患者を世話するホームケア・ワーカーを語り手とし、彼女と患者たちとの交流をめぐる、生と死の、喜びと悲しみの、希望と絶望の物語」となるのだが、「とにかく読んでもらわないと魅力がわかってもらえない」という訳者の言葉にもろ手をあげて賛同する。じっさい、自分にとっては患者の病名はどうでもよかった。これは「エイズの本」ではない。ケアをする側と受け手の話でもない。仕事による短期契約という「つながり」ではあるが、それぞれの関係のなかでそれなりにつむがれる人どうしの思いと息遣いにあふれている。何度も読み返したいのはこのためだ。これは読んでいるそのときの自分を映すことだろうと思う。

いま生きてここにあることのかけがえのなさとそのいとおしさ、そして死は生のなかにある、生は死のなかにあるということ——いまの自分はこう受け取った。この作品を選んでくれた編者に深い敬意を表したい。

（池上千寿子）

注釈

〈第1章〉

（1）**Xジェンダー**　性自認が男性でも女性でもない人のこと。

（2）**ホルモン投与**　望む性別の性ホルモン剤を投与すること

（3）**SRS**　Sex Reassignment Surgery の略。性別適合手術のこと。注（12）参照。

（4）**ジェンダーロール**　性別によって社会から期待される役割。性別役割。

（5）**ジェンダーアイデンティティ**　性自認のこと。心の性の自己認識。

（6）**ジェンダークィア・フルイド**　性自認が、既存の性別の枠組みにあてはまらない、または流動的な人。フルイド（fluid）とは「流動体」の意。

（7）**アライ**　ally。支援者、味方。

（8）**MTF**　Male to Female の略。身体の性別は男だが女の子の心で生きてきた、またはこれから女性に性別移行したいと思う人。FTM（Female to Male）は、身体の性別は女だが男の子の心で生きてきた、またはこれから男性に性別移行したいと思う人を指す。現在は国際的には「トランス女性（trans woman）／トランス男性（trans man）」という。また、MTX、FTXは、身体の性別は男／女だが、性別自認は男女のどちらでもない、またはわからないととらえる人を指す。

（9）**タチ**　性行為で能動的な側のこと。レズビアンの間で用いられる言葉。性行為で受動的な側のことを「ウケ」「ネコ」などという。

（10）**新宿二丁目**　同性愛者向けのバーやクラブが立ち並ぶゲイ・タウン。

〈第2章〉

（11）**FTM**　注（8）参照。

（12）**性別適合手術**　外性器の形状を望みの性のものに変えたり、内性器を摘出したりする手術。

（13）**性同一性障害に関する診断と治療のガイドライン**　診断基準や治療をする上で医療者が守るべきことについて書かれたもの。初版は1997年。その後改訂され、現在使われているのは2012年に出された第4版。

（14）**ヘテロ**　異性愛（ヘテロセクシュアル）のこと。性的指向が異性であること。

（15）**シスジェンダー**　生まれたときの身体的性別と性自認が一致している人。

（16）**ストレート**　異性愛者。性的指向が異性である人。

（17）**アメラジアン**　アメリカ人とアジア人の両親をもつ子どものこと。

〈第3章〉

（18）**百合**　女性の同性愛、またはそれを題材とした作品。「百合もの」などともいう。

（19）**トランス女性**　注（8）参照。

（20）**オナベバー**　「オナベ」とは、男装をしたり、男性的に振る舞う女性を呼ぶ俗語で、侮蔑的な表現。男装をしている女性が接客するバーのこと。

（21）**やおい**　男性の同性愛を題材とした女性向けの小説や漫画などの俗称。

（22）**クィア・スタディーズ**　「クィア」とは、もともと「変態」という性的マイノリティへの蔑称として使われていたが、当事者が多様な性を表す言葉として肯定的に用いるようになった。「クィア・スタディーズ」とは、1990年代に広がった、既存のジェンダー、セクシュアリティの類型化を問い直す理論と実践。

〈第4章〉

(23) **同性パートナーシップ条例**　正式名称を「渋谷区男女平等及び多様性を尊重する社会を推進する条例」という。区内の同性カップルを「結婚に相当する関係」と認め、証明書を発行する。ただし、公正証書を作成することが必要。東京都世田谷区でも、区長権限により同性カップルの宣誓を認める公的書類を発行している。

(24) **モノガミー規範**　「モノガミー」とは1対1の「カップル主義」のこと。日本ではモノガミー規範が強い。

(25) **TSとTGを支える人々の会**　「Trans-Net Japan」。性同一性障害、トランスセクシュアル（TS）、トランスジェンダー（TG）の支援・自助グループ。

〈第5章〉

(26) **性同一性障害者の性別の取扱いの特例に関する法律**　一定の要件を満たせば、戸籍の性別が変更できるという法律。2004年施行。

(27) **ソドミー法**　同性愛を禁じる法律。

(28) **ナチス等による強制収容**　ナチスは、同性愛者の団体を禁止し、同性愛者を強制収容所送りにした。

(29) **チューリングの悲劇**　数学者アラン・チューリング（英）は、同性愛の相手の友人に窃盗被害を受け、通報したら罪（風俗壊乱罪）に問われ逮捕。入獄より化学的去勢を選択し、ホルモン療法を受けた。1954年、41歳で自殺。

(30) **ストーンウォール事件**　1969年、ニューヨークのゲイバー「ストーンウォール・イン」への警察の捜査に対し、3日間にわたってトランスジェンダーやレズビアン、ゲイなどが抵抗し暴動になった。

(31) **クィア・ムーブメント**　1995年頃から伏見憲明らが主導して始まった「クィア」（注(22)参照）を肯定的にとらえる動き。ゲイ、レズビアンを中心に始まり、96年にはトランスジェンダーにも広がった。

(32) **トランス・アクティヴィズム**　トランスセクシュアル、トランスジェンダー、ジェンダーに非同調な人々の運動、実践。

(33) **TS**　trans sexual の略。トランスセクシュアル。

(34) **パッシング**　「パスする（望みの性別で通用する）」こと。ちなみに「パス度」とは「男性／女性として通用する度合い」をいう。

〈第6章〉

(35) **ICD**　International Statistical Classification of Diseases and Related Health Problems の略。WHO（世界保健機関）が制定した「国際疾病分類」。2015年現在は第10版（ICD-10）が使用されている。

(36) **GID**　Gender Identity Disorder の略。性同一性障害。

(37) **SOC-7**　Standards of Care 7th Version の略。

(38) **LGBTI**　インターセックス（現在はDSDsという。31ページ参照）の頭文字「I」をつけて、性的マイノリティを総称する使い方。

(39) **パス度**　注(34)参照。

おわりに

「過去に起こった出来事を知ることは、今起こっていることについて考えるときに役立つ。想定しておくべき危険なことがわかることもあるだろうし、希望を知ることができることもあるだろう。そしてそれは、未来の創造につながる」(本書145頁より)

Lovely Great Book Tour はいかがでしたか?

本書には「LGBTブックガイド」というサブタイトルがついていますが、私たちが本書で試みたかったことのひとつは、多様な性と生を生きる人々の「生活史」「文化史」「社会史」「思想史」といったものを、「本」を媒介にしてたどることでした。そのため、本書でとりあげた本のなかには、品切れや絶版になっていて書店では手に入らない古い本や雑誌、あるいは書店には並んでおらず出版元に直接連絡して入手しなくてはならないものも含まれています。そのような本についても図書館などで探していただき、ぜひとも手にとっていただければと思います。

本書を作成するにあたっては、編者以外の方にも協力していただき、まず、LGBTにかかわるさまざまなジャンルの本のなかから、とりあえず200冊近い本をピックアップしました。さらにそこから何度も編集会議を重ねながら、編集方針と合致する本を72冊まで絞り込みました。一冊として「同じ本」はないなかで「とりあげない本」と「とりあげる本」を選別していく作業は、まさに苦渋の選択とも言うべきものでした。本編のなかで紹介しきれなかった本は、各章の概説ページで紹介しました。しかし、その概説でも紹介しきれなかった本もたくさんあります。そしてさらに、編者自身が知らなかった本もたくさんあることと思います。そんな本を集めて、読者のみなさんおひとりおひとりがご自分の『にじ色の本棚』をつくっていただければと思います。

ある雑誌の対談で、ゲイの若者が「ＬＧＢＴの存在がないかのように扱われている状況のなかで、街でレインボーグッズをつけてる人を見ると、ああ、受け入れてもらえているんだなと思って、ホッとする」という発言をしています。当事者は、時としてアライ（支援者、味方）の存在のなかに自分の居場所を見つけることがあります。本書には、44人もの方が執筆にかかわっておられます。そのなかには、いわゆるアライ、言いかえるならＬＧＢＴ当事者にとって「最も近い友人」もおられます。このような「友人」が書いてくださった文章に、Ｌ／Ｇ／Ｂ／Ｔの人々はきっと「街中《まちなか》でふいに出合ったレインボー」のような思いをもつことでしょう。一方、これから「友人」になろうと思っている人にとっても、同じ立場の人が書いた文章はさまざまな気づきをもたらしてくれるでしょう。

また、巻末の執筆者プロフィールを読んでいただければわかりますが、本書には研究者やアクティビストの方々だけでなく、「学生」や「社会人」とだけある、いわゆる市井の人もまた執筆に携わってくださっています。どの執筆者も、それぞれのこだわりをもって、全力投球で書いてくださったことが、おそらく読者のみなさんにも伝わったのではないかと思います。

どの執筆者も立場の違いを超えて、異口同音に、それぞれの本を通して『「あなたはあなたのままでいい」』ということを伝えたい」と書いています。それはまさに、多様な性と生を生きてきた／生きている人々が、それぞれの生きざまを通して伝えたかったことでもあると思います。そしてそれは、Ｌ／Ｇ／Ｂ／Ｔと言われる人たちだけでなく、すべての人へのメッセージでもあるのです。

本書のキーワードである「Lovely Great Book Tour」は、どの本をとりあげるかを検討する初期の段階でご協力いただいた方のひとりから提案いただいた言葉です。「Tour（旅）」のTは「Trans（越境）」のTでもあります。本書があらゆる人の垣根を越えるにじ色の架け橋となることを願ってやみません。

最後になりましたが、執筆者のみなさん、本のリストアップにご協力いただいたみなさん、そして、この本の企画立案から校了まで、辛抱強く引っ張ってきてくださった「心強い友人」のひとりである、編集者の杉村和美さんに、心からの感謝を申し上げます。

2015年12月

原　ミナ汰
土肥いつき

性的マイノリティ関連の年表

◆…社会の出来事

年	芸術・出版関連の動向（ミニコミ、機関誌などを含む）	性指向、性自認、性別表現関連の社会動向 国内	性指向、性自認、性別表現関連の社会動向 海外
1855	詩人ウォルト・ホイットマン（米）『草の葉』出版		
1868		◆明治改元	
1871		「断髪令」公布	
1872		「鶏姦条例」公布（1882年旧刑法施行で消滅） 東京府、「女子断髪禁止令」公布	
1891	オスカー・ワイルド（英）『ドリアン・グレイの肖像』出版		
1895			オスカー・ワイルド、恋仲の男性の父親から「男色家」呼ばわりされ告訴したが、敗訴。「おぞましき卑猥行為（男色）」の咎で懲役2年重労働の刑に服役
1900			この頃、アナーキスト活動家エマ・ゴールドマン（米）が、同性愛者擁護の演説
1909	森鷗外「ヰタ・セクスアリス」掲載の『スバル』が発売禁止		
1911	『青鞜』発行（〜1916）。平塚らいてうと尾竹紅吉が交わした「同性への恋」の手紙も掲載	「糸魚川心中事件」。女学校卒業生同士の心中が大きく報道される	
1913	R・V・クラフト=エビング『変態性慾心理』の翻訳出版		
1914	宝塚歌劇団設立		◆第一次世界大戦（〜1918）
1915	羽太鋭治、澤田順次郎『変態性慾論』出版		
1916	吉屋信子「花物語」が『少女画報』に連載（〜1925）。女学生の間で「エス」が流行		
1925	湯浅芳子が中條百合子（のちの宮本百合子）と同棲		
1928	ラドクリフ・ホール（英）『さびしさの泉』出版（邦訳は52年）。英国裁判所が回収・廃棄命令 ヴァージニア・ウルフ（英）『オーランドー』出版（邦訳は31年）		
1931		◆柳条湖事件（満州事変）	

年	芸術・出版関連の動向（ミニコミ、機関誌などを含む）	性指向、性自認、性別表現関連の社会動向	
		国内	海外
1933	ガートルード・スタイン（米）『アリス・B・トクラスの自伝』出版（邦訳は71年）。ガートルード・スタインはパリで、1907年アリス・B・トクラスと出会い、同居。自宅を芸術サロンとして開放		◆ドイツでヒトラー内閣誕生 ナチスが同性愛者の団体を禁止。同性愛者は強制収容所送りに
1936			スペイン内戦の勃発で、詩人フェデリコ・ガルシア・ロルカ銃殺される
1937		◆盧溝橋事件（日中戦争）	ナチスの強制収容所において、ゲイ男性にピンク・トライアングルがつけられる
1939			◆第二次世界大戦（〜1945）
1941		◆対英米蘭開戦	
1945		◆敗戦	連合国軍がナチスの強制収容所を解放。しかし同性愛者は、刑法第175条に基づく刑期が終わるまで服役させられた
1949	三島由紀夫『仮面の告白』出版		
1950		◆朝鮮戦争（〜1953）	（〜1953）米連邦政府の非米活動委員会が共産主義者と同性愛者を公職追放した「マッカーシズム旋風」、ゲイバーに集まる同性愛者の集団逮捕も 同性愛者の組織「マタシン協会」発足（米）。ホモファイル運動と呼ばれた
1952	日本初の会員制ゲイ雑誌『アドニス』創刊	◆サンフランシスコ講和条約・日米安保条約発効	数学者アラン・チューリング（英）、同性愛の相手の友人に窃盗被害を受け、通報したら罪（風俗壊乱罪）に問われ逮捕。入獄より化学的去勢を選択し、ホルモン療法を受ける（1954年41歳で自殺） ヨルゲンセン（米）、デンマークに渡り男性から女性への性別変更手術を受ける
1954			内分泌科医ハリー・ベンジャミン（米）が「トランスセクシュアル」という単語を公に使用して広める
1955	米国でレズビアン団体「ビリティスの娘たち」設立、翌年、ニュースレター「ザ・ラダー」発行（〜1972）		
1957	丸山（美輪）明宏がシャンソン歌手で人気を博し「シスターボーイ」		

	と呼ばれる		
1961			ホセ・サリア（米）、ゲイであることを明らかにした米国初の公職候補に。サンフランシスコ市政執行委員に立候補するが落選
1964			◆ベトナム戦争（～1973）
1965		「ブルーボーイ事件」。3名の男娼（ブルーボーイ）の睾丸摘出手術をした医師が優生保護法違反等で逮捕。70年有罪確定	
1966			◆この頃、女性解放運動が広がる
1968	丸山（美輪）明宏『紫の履歴書』出版		◆世界的に、ベトナム反戦運動、学生運動などが起きる
1969	ピーター「夜と朝の間に」で日本レコード大賞最優秀新人賞		ニューヨークで「ストーンウォールの反乱」が起きる。ゲイ解放運動が広がる
1970		◆ウーマンリブ運動始まる	全米8都市でストーンウォールの反乱の記念イベント開催。世界的な「パレード」の始まり 「ラディカ・レズビアンズ」（米）が『女に同一化する女』発表。レズビアン・フェミニストの運動が広がる
1971	ゲイ雑誌『薔薇族』（伊藤文学編）創刊	女性同士の出会いの場「若草の会」発足 東郷健氏、同性愛者であることを公表し、参議院全国区で立候補。「オカマ」を連呼	
1972			スウェーデンでトランスセクシュアルに法律上の性別変更を認める
1973	リタ・メイ・ブラウン『ルビーフルーツ・ジャングル』出版（邦訳『女になりたい』は80年）		米国精神医学会、「同性愛」をDSM-2（精神障害の診断と統計の手引き）から削除（完全に削除されたのは1987年）
1974	ゲイ雑誌『アドン』（南定四郎編）創刊 ゲイ雑誌『さぶ』創刊		
1976	ミニコミ『すばらしい女たち』発行		
1977	ゲイリブを編集趣旨とするミニコミ『プラトニカ』発行		ハーヴェイ・ミルク、ゲイであることを公表してサンフランシスコ市政執行委員に立候補し、当選

年	芸術・出版関連の動向（ミニコミ、機関誌などを含む）	性指向、性自認、性別表現関連の社会動向 国内	 海外
1978	レズビアン・フェミニストのグループ「まいにち大工」が『ザ・ダイク』発行 レズビアン・フェミニストのグループ「ひかりぐるま」が『ひかりぐるま』発行		ハーヴェイ・ミルク、ダン・ホワイトにより暗殺される 「世界性科学会」発足（2005年に「性の健康世界学会」と改称）。性の健康と権利に関する活動を行う
1979	「ジャパンゲイセンター（JGC）」発足。機関誌「GAY」発行。81年「CHANGE」を発行 東郷健『雑民の論理』出版	文部省が「同性愛は性非行の一種」として生徒指導の対象に（1986年には削除され、1993年に不適切な記述だったことを認めた）	ハリー・ベンジャミン国際性別違和協会（現WPATH）設立 レインボーフラッグがゲイパレードで初めて使用される（米）
1980	女装雑誌『くぃーん』創刊	茶の間の人気者だった佐良直美が「元カノ」から訴えられテレビから消える	
1982	オードリー・ロード『ザミ 私の名の新しい綴り』出版（邦訳は97年）	東郷健氏、同性愛者の政治団体「雑民党」結成 この頃、「ニューハーフ」という言葉が広まる	
1984		南定四郎、IGA（国際ゲイ協会、現ILGA）日本支部結成	
1985	第1回レズビアンウィークエンド（当時の名称は「レズビアン会議」）開催	◆男女雇用機会均等法公布（86年施行）	
1986	アドリエンヌ・リッチ『血、パン、詩。』出版（邦訳は89年）	「動くゲイとレズビアンの会（OCCUR、アカー）」発足	
1987	「れ組スタジオ・東京」設立。レズビアンコミュニティのための機関誌「れ組通信」発行（～2013）。その後オンラインに移行 別冊宝島64『女を愛する女たちの物語』（広沢有美編）刊行	「エイズ予防法案」公表、反対運動が起きる。1989年同法施行（1999年他の感染症法に統合され廃止）	ニューヨークでラリー・クレイマーが、HIV／AIDS治療への公的支援を街頭行動で訴える「ACT UP（アクトアップ）」を設立
1989	吉永みち子『繋がれた夢』出版	「薬害エイズ裁判」始まる	
1990	沢部仁美『百合子、ダスヴィダーニヤ』出版	「アカー」メンバーが東京都府中青年の家で他団体から嫌がらせを受け、抗議したところ逆に都の利用拒否に遭う。1991年提訴、1997年勝訴確定	5月17日WHOが国際障害疾病分類から「同性愛」の削除を決定。ルイ＝ジョルジュ・タンの提唱でこの日を「国際反ホモフォビアの日（IDAHO）」と決め、2005年から同性愛嫌悪をなくす行動を実施
1991	「アカー」の申し入れにより、同性愛を「異常性欲」とした『広辞苑』の記述を改訂		◆湾岸戦争
1992	掛札悠子『「レズビアン」である、ということ』出版	第2回アジアレズビアンネットワーク	

	マイケル・カニンガム『この世の果ての家』邦訳出版 第1回東京国際レズビアン&ゲイ映画祭開催 別冊宝島159『ゲイの贈り物』刊行。以後ゲイ特集を刊行	(ALN)国際会議開催	
1993	蔦森樹『男でもなく女でもなく』出版 出雲まろう『まな板のうえの恋』出版 男性同性愛者のための総合情報誌『Badi』創刊	93年よりほぼ年1回ウーマンズウィークエンド開催	WHO、「同性愛」を削除した「ICD-10(『国際疾病分類第10版』)」を出版
1994	トランスセクシュアルのミニコミ誌『FTM日本』(虎井まさ衛編)創刊	日本で最初のレズビアン・ゲイ・パレード開催 同性愛に関する情報などを発信する「すこたん企画」設立 HIV陽性者や周囲の人々を支援するNPO法人「ぷれいす東京」発足	◆国際人口・開発会議(カイロ)の「カイロ行動計画」で「リプロダクティブ・ヘルス/ライツ」が提唱される
1995	笹野みちる『Coming OUT!』(幻冬舎)で同性愛者であることを公表 ゲイ雑誌『G-men』創刊 レズビアン雑誌『フリーネ』創刊	東京・中野にレズビアンとバイセクシュアル女性のためのフリースペース「LOUD」設立。ライブラリーもあり 日本精神神経医学会、同性愛についてICD-10に準拠すると発表 「クィア・ムーブメント」広がる ◆阪神・淡路大震災	◆第4回世界女性会議(北京)の「北京行動綱領」では、「セクシュアリティに関することを自ら管理し決定する権利は女性の人権のひとつ」とした
1996	レズビアン雑誌『アニース』創刊 虎井まさ衛『女から男になったワタシ』出版 藤野千夜『少年と少女のポルカ』出版 リリアン・フェダマン『レズビアンの歴史』邦訳出版 クィア・スタディーズ編集委員会編『クィア・スタディーズ'96』出版	埼玉医科大学倫理委員会、「外科的性転換術も治療の一手段」という答申発表 Trans-Net Japan(TSとTGを支える人々の会)発足 「薬害エイズ裁判」最初の和解成立。この年以降、国は恒久対策としてHIV陽性者(感染経路を問わない)の障害者認定やエイズ拠点病院の整備などを約束	
1997	井田真木子『もうひとつの青春』出版 エレン・バスほか『生きる勇気と癒す力』邦訳出版 クィア・スタディーズ編集委員会編『クィア・スタディーズ'97』出版	日本精神神経学会「性同一性障害に関する特別委員会」が「性同一性障害に関する答申と提言」発表。同会が「性同一性障害の診断と治療のガイドライン」策定 ◆改正男女雇用機会均等法に「セクシュアルハラスメントの防止」が盛り込まれる(99年施行)	

年	芸術・出版関連の動向（ミニコミ、機関誌などを含む）	性指向、性自認、性別表現関連の社会動向　国内	性指向、性自認、性別表現関連の社会動向　海外
1998		埼玉医科大学で日本初の「公式」性別適合手術実施 「玖伊屋」発足	
1999	雑誌『クィア・ジャパン』（伏見憲明編集）創刊（5号まで発行）	GID（性同一性障害）研究会（2006年より、「GID学会」）発足 ◆男女共同参画社会基本法公布、施行	
2000	吉永みち子『性同一性障害』出版	「東京レズビアン&ゲイパレード2000」開催 東京都江東区の公園で少年らが同性愛者を狙って暴行。30代の男性が死亡 ESTO「GID親子交流会」開始	オランダが世界初の同性婚合法化（2001年施行）
2001	砂川秀樹監修『パレード』出版 レベッカ・ブラウン『体の贈り物』邦訳出版 トーベ・ヤンソンほか『ふしぎなごっこ遊び』（ムーミン・コミックス第12巻）邦訳出版	「セクシュアルマイノリティ教職員ネットワーク」発足 ◆DV予防法公布、施行。	◆米国で9・11同時多発テロ
2002	中山可穂『花伽藍』出版 サイモン・ルベイ『クィア・サイエンス』邦訳出版 芹沢由紀子『オッパイをとったカレシ。』（コミック）出版 〝人間と性〟教育研究所編『同性愛・多様なセクシュアリティ』出版		
2003	六花チヨ『IS』第1巻（コミック）出版 志村貴子『放浪息子』第1巻（コミック）出版 米沢泉美編著『トランスジェンダリズム宣言』出版 セクシュアルマイノリティ教職員ネットワーク編著『セクシュアルマイノリティ』出版	上川あやが日本で初めて性同一性障害であることを公表したうえで世田谷区議会議員に 東京・新宿二丁目に「コミュニティセンターakta」開館 外交官の同性配偶者の日本への入国・住居について異性配偶者と同様に扱うことに 宮崎県都城市が同性愛者の人権を明記した条例施行（2006年削除）	◆イラク戦争
2004	相馬佐江子編著『性同一性障害30人のカミングアウト』出版 赤杉康伸ほか編著『同性パートナー』出版 サラ・ウォーターズ『荊の城』邦訳出版	「性同一性障害者の性別の取扱いの特例に関する法律」施行	英国で「性別承認法」制定。本人の性自認に基づいて法制度上の性別変更を認める法律
2005	新井祥『性別が、ない！』第1巻（コミックエッセイ）出版	大阪府議会議員の尾辻かな子が同性愛者で	

志村貴子『青い花』第1巻（コミック）出版
出雲まろう編著『虹の彼方に』出版
堀口貞夫ほか『10代からのセイファーセックス入門』出版
パトリック・カリフィアほか『セックス・チェンジズ』邦訳出版
尾藤りつ子ほか編著『性と生をどう教えるか第2版』出版

あることを公表
「まんまるの会（関西医科大学附属滝井病院ジェンダークリニック受診者の会）」発足

2006

「LGBTの家族と友人をつなぐ会」発足
「トランスジェンダー生徒交流会」発足

性的指向並びに性自認に関連した国際人権法の適用上のジョグジャカルタ原則制定

2007

RYOJIほか『カミングアウト・レターズ』出版
よしながふみ『きのう何食べた?』第1巻（コミック）出版
ROS編著『トランスがわかりません!!』出版
ケイト・ボーンスタイン『隠されたジェンダー』邦訳出版
藤井ひろみほか編著『医療・看護スタッフのためのLGBTIサポートブック』出版

5月17日国際反ホモフォビアの日（IDAHO、現IDAHOT）に日本でも同性愛嫌悪をなくす行動を展開
同性パートナーからの暴力に対し、裁判所がDV予防法による保護命令を出す
クィア学会発足（2015年休会）

「ハリー・ベンジャミン国際性別違和協会」が「WPATH（世界トランスジェンダー・ヘルス専門家協会）」に改名

2008

ROS編著『恋愛のフツーがわかりません!!』出版
飯野由里子『レズビアンである〈わたしたち〉のストーリー』出版
三橋順子『女装と日本人』出版
木村涼子ほか編著『ジェンダーで考える教育の現在』出版

「共生社会をつくるセクシュアル・マイノリティ支援全国ネットワーク」発足

2009

大塚隆史『二人で生きる技術』出版
永易至文『同性パートナー生活読本』出版
鶴田幸恵『性同一性障害のエスノグラフィ』出版

英ブラウン首相が、政府によるチューリングへの仕打ちを公式に謝罪（1952年の項参照）

2010

NHK「ハートをつなごう」制作班監修『LGBT BOOK』出版
鳥野しの『オハナホロホロ』（コミック）出版
風間孝ほか『同性愛と異性愛』出版

性の健康世界学会（WAS）が、9月4日を「世界性の健康デー」に定める
WPATH、「ジェンダーへの非同調性を精神病理として扱わないように」との声明発表

2011

石川大我『「好き」の?がわかる本』出版
野宮亜紀ほか『性同一性障害って何? 増補改訂版』出版
伏見憲明『さびしさの授業』出版
谷口洋幸ほか編著『性的マイノリティ判例解説』出版

石川大我が東京都豊島区議会議員に、石坂わたるが同中野区議会議員に当選。日本で初めてゲイ公表後選出された
◆東日本大震災、福島第一原発事故

国連、「人権と性的指向、性別自認」に関する決議を採択

2012

セクシュアルマイノリティ教職員ネットワーク編著『セクシュアルマイノリティ第3版』出版
永易至文『にじ色ライフプランニング入門』出版
レズビアン雑誌『Novia Novia magazine』創刊

（一般社団法人）社会的包摂サポートセンター事業、24時間通話料無料の「よりそいホットライン」にセクシュアルマイノリティのための専門ライン設置

アルゼンチンで「ジェンダー・アイデンティティ法」制定。司法審査を経ることなく性別変更する権利を認める法律。ホルモン療法なども医療保険で受けられる

年	芸術・出版関連の動向（ミニコミ、機関誌などを含む）	性指向、性自認、性別表現関連の社会動向 国内	性指向、性自認、性別表現関連の社会動向 海外
2012		内閣府、自殺総合対策大綱を改正。性的マイノリティがいじめによる自殺防止対策の対象に	WPATH、「SOC-7（スタンダード・オブ・ケア第7版）」発表
2013	毎日新聞「境界を生きる」取材班『境界を生きる』出版 池上千寿子『性について語ろう』出版 ここから探検隊『思春期サバイバル』出版 ルイ＝ジョルジュ・タン『〈同性愛嫌悪（ホモフォビア）〉を知る事典』邦訳出版 角田由紀子『性と法律』出版 南野知恵子代表編『性同一性障害の医療と法』出版	東京都文京区「男女平等参画推進条例」で性的指向、性自認に言及 東京都多摩市「女と男の平等参画を推進する条例」で性的指向、性自認に言及 大阪市淀川区が区長権限で「LGBT支援宣言」を出す	米国精神医学会は「精神障害の診断と統計の手引き」（DSM-5）を改訂。診断名Gender Identity Disorder（GID・性同一性障害）をGender Dysphoria（GD・性別違和）に変更
2014	薬師実芳ほか『LGBTってなんだろう?』出版 すぎむらなおみほか『はなそうよ！恋とエッチ』出版 トゥーラ・カルヤライネン『ムーミンの生みの親、トーベ・ヤンソン』邦訳出版 パトリック・ジョセフ・リネハンほか『夫夫円満』出版 土肥いつき『「ありのままのわたしを生きる」ために』出版 エレン・バスほか『新装改訂版生きる勇気と癒す力』邦訳出版 針間克己ほか編著『セクシュアル・マイノリティへの心理的支援』出版 WPATH『SOC-7（スタンダード・オブ・ケア第7版）』邦訳公開 伊藤真『伊藤真の憲法入門 第5版』出版		
2015	溝口彰子『BL進化論』出版 南和行『同性婚』出版 柳沢正和ほか『職場のLGBT読本』出版 堀江有里『レズビアン・アイデンティティーズ』出版	文科省が、「性的少数者」である児童生徒に配慮を求める通知を出す 「LGBT法連合会」発足 東京都渋谷区が条例により同性パートナーに証明書発行 東京都世田谷区が区長権限により同性カップルの宣誓を認める公的書類を発行	WHOなど12の国際機関が「生殖腺切除、治療、離婚などの過酷な要件を法的性別変更の要件として強制することはできない」との共同声明

執筆者プロフィール
（50音順）

池上千寿子（いけがみ ちずこ）
35年前ハワイ大学 性と社会太平洋研究所でセクソロジーを学び、エイズのNGO活動に参加。1994年「ぷれいす東京」（NPO法人）を立ち上げHIV/エイズの予防啓発とケア活動、性の健康についての啓発に従事している。

池田 宏（いけだ ひろし）
同性カップルの法的認知・保障を目指す特別配偶者（パートナーシップ）法全国ネットワーク共同代表。米コロンビア大学MBA。ニュージーランド人パートナーと同国のパートナー法で結ばれ、NZ企業、在欧州日系企業で働いた後、現在は日本とNZを往来する生活。

石川大我（いしかわ たいが）
1974年東京都豊島区生まれ。明治学院大学法学部卒。ゲイユースのための友達づくりイベントからNPO法人ピアフレンズを設立するなどLGBTの権利擁護活動を続ける。2011年、東京都豊島区議会議員に当選し、日本初のオープンリーゲイ議員となる。著書に『ボクの彼氏はどこにいる?』（講談社）ほか。

イダヒロユキ
DV加害者プログラムNOVO主催。大学でジェンダー論担当。行政の男性相談担当。ユニオンぼちぼち組合員。最近は主流秩序論に力を入れている。

犬童一利（いぬどう かずとし）
映画監督。1986年生まれ。長編デビュー作『カミングアウト』が国内複数および香港のレズビアン&ゲイ映画祭で上映され、好評を得る。新作は2016年春公開。日韓が舞台の介護をテーマにした作品『つむぐもの』。

岩川ありさ（いわかわ ありさ）
東京大学リベラルアーツ・プログラム教務補佐。立教大学ほか非常勤講師。専門は、現代日本文学、クィア批評、トラウマ研究。論文に、「『痛み』の認識論の方へ—文学の言葉と当事者研究をつないで」（『現代思想』2011年8月号）など。

岩本健良（いわもと たけよし）
金沢大学人文学類准教授。北海道大学文学研究科博士課程単位取得退学。専門分野は社会学。性的マイノリティに関しては、教員・公務員等の採用試験適性検査における問題や、国勢調査など統計調査における同性カップルの位置づけ、などを通じてデータと社会とのあり方を追求している。

ジェームズ・ウェルカー（James Welker）
神奈川大学国際文化交流学科准教授（戦後～現代日本におけるジェンダーとセクシュアリティ）。『Boys Love Manga and Beyond』（共編著、ミシシッピ大学出版）、『Queer Voices from Japan』（共編著、レキシントン出版）等。

榎井 縁（えのい ゆかり）
大阪大学特任准教授。在日外国人教育の調査・相談、外国人の子どもや女性が参加できる地域づくりを実践してきた。現在は、教育社会学の多文化教育の研究を進めるとともに、「共生」を実践できる大学院グローバル人材育成を行っている。

遠藤智子（えんどう ともこ）
一般社団法人社会的包摂サポートセンター事務局長。前職は地方公務員。尊敬するスターは世界でレスリー・チャン一人。毎年4月1日の追悼集会の出席を欠かさない。

遠藤まめた（えんどう まめた）
1987年生まれ。トランスジェンダーとしての自らの体験をもとにLGBTの子ども・若者支援に関わる。「やっぱ愛ダホ！idaho-net.」代表。共著『思春期サバイバル—10代の時って考えることが多くなる気がするわけ。』（はるか書房）ほか。

大江千束（おおえ ちづか）
1960年東京都生まれ。セクシュアルマイノリティのためのスペースLOUD（ラウド）代表。特別配偶者（パートナーシップ）法全国ネットワーク共同代表。中野LGBTネットワークにじいろ共同代表。当事者が行くことのできる場所の運営と支援を行っている。

川端多津子（かわばた たづこ）
元公立小学校教員。大阪“人間と性”教育研究協議会会員。退職後、LGBT当事者の若者2人と一緒にチーム「からふるくらす」を結成。出前授業や、各種研修会に呼ばれている。

木村一紀（きむら かずのり）
出身地京都の私立大学で英語の非常勤講師をつとめる。専門は言語学、英語学、日本語学。セクシュアルマイノリティ教職員ネットワーク編著『セクシュアルマイノリティ』（明石書店）の同性愛の部分を担当。

樹村ゆーかり（きむら ゆーかり）
東京で生まれ、区部ながら緑豊かな地区のやや貧しめの家庭で育つ。能力の極端なアンバランスさやリビドー欠如のため、得手な部分を生かせず、何事をもなし得ない無駄な人生を送りつつある。

小林ヒロシ・りょう子（こばやし ひろし・りょうこ）
NPO法人 LGBTの家族と友人をつなぐ会理事。この会は、性的マイノリティの家族や友人などにより結成された。いまだ社会に存在するLGBTへの偏見や差別などをなくすために、そしてあらゆる人々がその多様性を認め合える社会をつくるために活動している。自分らしく生きるために……。

さくら
Xジェンダーの産みの母、母の旧パートナーである育ての母、実の父という3人の“両親”をもつ。現在は高校生の娘と二人暮らし。性規範という社会の見えない鎖から、離婚をきっかけに解放され、自然体の人生を謳歌中。

佐々木美宇（ささき みう）
NPO法人レインボーコミュニティ coLLabo（レズビアンと多様な女性のための活動を東京にて行うNPO法人）スタッフ。レズビアン当事者。

佐々木裕子（ささき ゆうこ）
東京大学大学院総合文化研究科・博士課程在籍。フェミニズム、クィア理論を専攻。国際基督教大学ジェンダー研究センター（CGS）準研究員、非常勤助手。

執行照子（しぎょう てるこ）
日本フェミニストカウンセリング学会代表理事。「性的マイノリティの子どもにカミングアウトされた時」「LGBT当事者への支援、家族への支援」「性別違和を理解するために」など、LGBTに関する分科会を継続して行っている。

篠原美香（しのはら みか）
1975年生まれ。自分自身が思い入れの強い“思春期”を応援する仕事に就きたいと、1995年から中学校で養護教諭を始める。性教育専門誌『季刊セクシュアリティ』の編集委員（2016年1月号～）。

下平 武（しもだいら たける）
法政大学経済学部3年生。特定非営利活動法人ReBitで理事を務めながら大学のLGBTピアサポートサークルの統括も務めている。行政や学校などでの講演活動の他、イベント開催などLGBTユースに向けた活動を幅広く行っている。

高橋慎一（たかはし しんいち）
ユニオンぼちぼち執行委員。セクシュアルマイノリティ・LBGTの労働相談にかかわる。書きものに「トランスジェンダー・性同一性障害者の職場における実践と課題」『差異の繋争点』（ハーベスト社）、「権利を行使することの困難と希望」『ノンエリートのためのキャリア教育論』（法律文化社）がある。

高橋裕子（たかはし ゆうこ）
元高校養護教諭。一般社団法人“人間と性”教育研究協議会会員。在職中は、高校部活動「性と生を考える会」を起こし、生徒とともにさまざまな性教育課題に取り組む。著書に『デートDVと学校』（エイデル研究所）、共著に『性同一性障害の医療と法』（メディカ出版）など。

土屋ゆき（つちや ゆき）
1969年東京生まれ。大学を卒業して、給料握って夜の街を急いだのがコミュニティデビュー。さまざまな活動をして気鋭の若手と言われたのも遠い昔。現在は口うるさいオバチャンとしての使命を全うすべく奮闘している。

中田ひとみ（なかた ひとみ）
訪問看護師、「性と生を考える会（奈良）」代表。『教職員のためのセクシュアル・マイノリティサポートブック』発行（会のホームページよりダウンロード可）。LGBTIQ医療看護連絡会事務局長。

東 小雪（ひがし こゆき）
LGBT研修講師。株式会社トロワ・クルール取締役。元タカラジェンヌ/LGBTアクティビスト。著書に『なかったことにしたくない 実父から性虐待を受けた私の告白』（講談社）、共著に『レズビアン的結婚生活』『ふたりのママから、きみたちへ』（イースト・プレス）など。オンラインサロン「こゆひろサロン」運営。

東 優子（ひがし ゆうこ）
大阪府立大学地域保健学域教育福祉学類／大学院人間社会学研究科教授。WAS（性の健康世界学会）性の権利委員会委員長。GID（性同一性障害）学会理事。研究テーマは「性の健康と権利」。

深見 史（ふかみ ふみ）
1953年愛媛県生まれ。行政書士。

古堂達也（ふるどう たつや）
埼玉大学教養学部卒。大学時代はマイノリティ問題を専攻し、ゲイ・バイセクシュアル男性のライフストーリー研究を行う。大学在学中に石川大我と出会い、石川が立ち上げたNPO法人ピアフレンズの運営にかかわるようになる。

堀川ユウキ（ほりかわ ゆうき）
トランスジェンダー生徒交流会卒業生。YAH共同代表。27歳、大阪在住の医療系社会人。

松岡宗嗣（まつおか そうし）
愛知県名古屋市生まれ。ゲイの大学生。LGBTについての出張授業などを行っているNPOに所属し活動中。

水野哲夫（みずの てつお）
東京の大東学園高校で国語と総合「性と生」担当。定年退職後、同校といくつかの大学でセクソロジーにかかわる講座を担当。一般社団法人"人間と性"教育研究協議会代表幹事。『季刊セクシュアリティ』誌副編集長。趣味は「ギター流し」。

三橋順子（みつはし じゅんこ）
性社会・文化史研究者。著書に『女装と日本人』（講談社現代新書）。主な論文に「性と愛のはざま－近代的ジェンダー・セクシュアリティ観を疑う－」（『岩波講座 日本の思想 第5巻 身と心』岩波書店）。

百瀬民江（ももせ たみえ）
1946年長野県生まれ。フリーの編集者・ライターとして雑誌『現代性教育研究』（小学館）、『現代性教育研究月報』（財団法人日本性教育協会）に創刊時より関わる。

森 あい（もり あい）
弁護士。LGBT支援法律家ネットワークメンバー。同性婚人権救済弁護団員（2015年7月、日本弁護士連合会に対し、同性婚法制化の勧告を求め申立て）。GID・法律上も父になりたい裁判弁護団員。

森 雅寛（もり まさひろ）
1976年大阪南部の被差別部落で生まれ育つ。大学卒業後、地元で設立された人権NPOで働く。ギャンブル依存症がもとで仕事を辞める。回復施設につながり回復への道を歩む。現在、沖縄に住む。

yakke（やっけ）
愛知県在住の大学院生。映像をつくったりデザインをしたりしている。

山賀沙耶（やまが さや）
フリーランス編集ライター。北海道大学文学部卒。在学中に近代日本文学、ジェンダー・セクシュアリティ論を学ぶ。卒業論文は『吉屋信子研究』。現在は、日本のレズビアンの歴史を継承することを目的としたトーク形式のイベント『日本しばなし』のスタッフとしても活動中。

ゆいこ
MTFトランスジェンダー。高校時代に『放浪息子』を読んだことをきっかけにトランスすることを心に決め、18歳で身体治療や女子としての生活を始める。女子学生として大学に通い、単位の獲得に奮闘中。

ヨ ヘイル
世界中のDSDサポートグループからの情報を発信する、DSDsを持つ子どもと家族のための情報サイト「ネクスDSDジャパン」主宰。http://www.nexdsd.com/

Y・クララ
東京都内でフェミニズムを専攻する大学院生。カトリック信者。

脇野千恵（わきの ちえ）
現中学校臨時講師。教員歴30年。性教育の教材研究と実践に取り組む。一般社団法人"人間と性"教育研究協議会全国会員。思春期保健相談士。『季刊セクシュアリティ』52号、68号などに寄稿。共著に『ちんちんがやってきた─男の子のお母さんになったら読む本』（学苑社）。

渡辺大輔（わたなべ だいすけ）
埼玉大学基盤教育研究センター准教授。博士（教育学）。専門は性教育、ジェンダー/セクシュアリティ教育、セクシュアルマイノリティの若者支援。

書名・作品名索引

人名・団体名索引

映画ガイド 作品データ

〈第1章〉

ハーヴェイ・ミルク
ロバート・エプスタイン、
リチャード・シュミーセン監督
1984年、アメリカ
出演：ハーヴェイ・ミルク他

MILK
ガス・ヴァン・サント監督
2008年、アメリカ
出演：ショーン・ペン、エミール・ハーシュ、
ジョシュ・ブローリン、ジェームズ・フランコ他

〈第2章〉

スパニッシュ・アパートメント
セドリック・クラピッシュ監督
2002年、フランス/スペイン
出演：ロマン・デュリス、セシル・ドゥ・フランス、
オドレイ・トトゥ他

彼女をみればわかること
ロドリゴ・ガルシア監督
1999年、アメリカ
出演：グレン・クローズ、ホリー・ハンター、
キャリスタ・フロックハート他

〈第3章〉

さらば、わが愛 覇王別姫
チェン・カイコー監督
1993年、香港
出演：レスリー・チャン、チャン・フォンイー、
コン・リー他

花の影
チェン・カイコー監督
1996年、香港
出演：レスリー・チャン、コン・リー他

ブエノスアイレス
ウォン・カーウァイ監督
1997年、香港／日本
出演：レスリー・チャン、トニー・レオン他

〈第4章〉

ウーマン ラブ ウーマン
ジェーン・アンダーソン、マーサ・クーリッジ、
アン・ヘッシュ監督
2000年、アメリカ
出演：ヴァネッサ・レッドグレーヴ、
ミシェル・ウイリアムズ、シャロン・ストーン他

キッズ・オールライト
リサ・チョロデンコ監督
2010年、アメリカ
出演：アネット・ベニング、ジュリアン・ムーア、
マーク・ラファロ他

〈第5章〉

リトル・ダンサー
スティーヴン・ダルドリー監督
2000年、イギリス
出演：ジェイミー・ベル、ジュリー・ウォルターズ、
ゲイリー・ルイス他

パレードへようこそ
マシュー・ウォーチャス監督
2014年、イギリス
出演：ビル・ナイ、イメルダ・ストーントン、
ベン・シュネッツァー他

編著者プロフィール

原 ミナ汰（はら みなた）
1956年生まれ。NPO法人共生社会をつくるセクシュアル・マイノリティ支援全国ネットワーク代表理事、よりそいホットライン・セクシュアルマイノリティ専門回線統括コーディネーター。LGBT法連合会共同代表。日英西翻訳・通訳業（原美奈子として）。
幼少時から強い性別違和を感じながらも、思春期までは元気に成長。10代で居場所をなくし、不登校、ひきこもり、外こもりなどを経験。20代にレズビアンのサポートグループを結成、30代は性被害のピアサポート、40代からは「Xジェンダー」の立場で性的マイノリティへの社会的支援を求めて活動。現在は、電話相談・同行支援、「性の多様性」研修、政策提言などを実施している。

土肥いつき（どひ いつき）
京都府立高校教員。
1993年から「京都在日外国人生徒交流会」をはじめ、現在「全国在日外国人生徒交流会」の世話人をしている。最近、卒業生と呑みたくて「卒業生の会」もはじめた。一方、1999年に「玖伊屋《くいや》」に参加し、現在2カ月に1回京都駅南側で夜通しの宴会をしている。また、2006年にトランスジェンダー生徒交流会の活動を開始した。さらに、ジェンダークリニックの待合室のクラさに閉口して、通院している病院で受診者の会の活動もはじめた。土日平日問わず、各所に出没している。

にじ色の本棚——LGBTブックガイド

2016年1月27日　第1版第1刷発行

編著者	原ミナ汰、土肥いつき
発行者	小番伊佐夫
編集	杉村和美
本文デザイン	平野昌太郎
DTP	市川貴俊
発行所	株式会社三一書房
	101-0051 千代田区神田神保町3-1-6
	TEL　03-6268-9714
	振替　00190-3-708251
	Mail　info@31shobo.com
	URL　http://31shobo.com/
印刷・製本	中央精版印刷

ISBN978-4-380-15006-7 C0036 Printed in Japan
乱丁・落丁本はおとりかえいたします。
購入書店名を明記の上、三一書房まで。